なぜ、こんな目にあわなければならないのか

がん病理学者が読む聖書「ヨブ記」

順天堂大学名誉教授
樋野興夫
Hino Okio

Forest Books

まえがき

がんになった悩み苦しみを、自分を見直す絶好の機会に変える

何年か前のある日のこと。憔悴《しょうすい》した表情を浮かべながら、彼は私の前の椅子に腰かけました。一か月ほど前にがんと診断されて以来、毎日三〜四時間の睡眠しか取れない、何とかしてほしいと、がん哲学外来の診察を受けにやって来たのです。

顔の皮膚はカラカラに乾き、目は少し血走っています。その風貌《ふうぼう》から、相当に参っていることがわかりました。冗談も通じない様子です。しかしこのような時でも、私のほうから口を開くことはありません。彼の言葉をじっと待ちます。暇そうな顔をしながらお茶をすすり、どのような言葉の処方箋《しょほうせん》が適切かを静かに考えます。いろいろと語り出してくれたら、私の役割は質問すること。ともかく、その人に話すだけ話してもらうことが大事です。

この習性は、私が長年にわたり病理医としてがん細胞を観察し、がんの種類や進行状態の判断にもとづき、治療方法などを主治医に伝える仕事から得たものです。よく観察して、正しい判断を下す。これが病理医の役割です。じつはがん細胞が良性か悪性かは、顕微鏡を覗《のぞ》いて一分もあれば判断ができます。正確を期すために他の検査も行いますので、それ以上の時間がかかるだけの話です。

がん哲学外来を訪れるのは、初めてがんと診断された人が半分くらいを占めます。心の準備もないままに突然、「あなたはがんですよ」という事実を突きつけられると、それを現実としてなかなか受け止められないのは仕方がないことです。

苦しみや悩みの内容は人それぞれですが、「なぜ、自分はがんを発症したのか。なぜ自分なのか！」という怒りにも似た感情を抱いていることは共通しています。しかもその怒りは、どこにぶつけていいかわからない。自暴自棄になってまわりに当たり散らし、家族関係や友人関係が壊れてしまうような例もあります。

そんなことになってほしくないと、私は心から思います。がん哲学外来で五千人を超える患者さんとご家族に施した私の治療法は、「言葉の処方箋」です。その言葉は人によって異なりますが、その基本は以下のようになります。

病気になると人の言葉や態度が気になり、いろいろなことに敏感になります。だからこそ、健康な時には気づかなかったことに気づくことがあります。夫婦関係、親子関係、友人関係などを見直す良い機会にもなります。人のいのちには限りがあります。今まで避けていたこと、逃げていたことと向き合うことを迫られます。その結果、今までうまくいかなかった人間関係の和解へと導かれるのなら、苦しみは無駄にならないことなどを、患者さんに合わせたさまざまな言葉でお伝えするのです。

「なぜ、こんな目にあうのだ？」という問いは、旧約聖書時代から続く

旧約聖書に収められた「ヨブ記」はヨブの苦難の物語で、人間的な教訓を教えてくれる有数の「智慧文学《ちえ》」として、世界中で愛読されています。多くの聖書研究者や牧師などがヨブ記について書いていますが、本書はヨブ記の解説書ではありません。病理医の目からヨブ記とヨブを見つめ、その現代的な意味を探ろうというものです。

ヨブ記の主人公ともいえるヨブは信仰心が篤《あつ》く、家族や親族、友人にも心を配る裕福な生活を送っていましたが、突然の大災厄《だいさいやく》に襲われます。財産だけでなく十人の子どもを奪われ、それに加えて重い病にも見舞われるのです。多くのがん患者さん、難病の患者さんであれば、ヨブの「何も悪いことをしていない自分が、なぜこんな目にあうのだ」という叫びを理解できることでしょう。大災害の被害にあった方、なんの落ち度もないのに事故や災害でいのちを奪われた方とそのご家族にとっても同じで、どうしても納得がいかないことです。

ヨブはこの大災禍《だいさいか》に、どう立ち向かい、どのような結果を手にするのでしょうか。私たちはどのような教訓を学べるのでしょうか。ヨブを見舞う三人の友人たちの言葉と態度にも注目しながら、「なぜ、こんな目にあうのだ」というヨブの問いに、皆さまの心を寄せてほしいと思います。

樋野興夫

目次

編集協力＝有限会社リリーフジャパン
吉川健一　相田英子

序章

ヨブの苦しみは、私たちとつながっている

見なさい。耐え忍んだ人たちは幸いだと私たちは思います。あなたがたは、ヨブの忍耐のことを聞き、主によるその結末を知っています。主は慈愛に富み、あわれみに満ちておられます。

（ヤコブの手紙五章一一節）

自分の苦難に納得がいかず、神を責めながらも神にすがる

ヨブ記は、信仰に篤く家族に恵まれたヨブが、神が許したサタンの企みによって全財産、十人すべての子どもが奪われるという大災禍に見舞われるところから始まります。まるで神も仏もない真っ暗闇のどん底から、ヨブは神に、「なぜ、自分をこんな目にあわせるのですか」と詰め寄ります。神に反抗するような振る舞いですが、私たち自身に置き換えてみれば、ヨブの深い嘆きはもっともなことだとも思えます。

自分に襲いかかった苦難に対し神に恨み言を吐き続けたヨブでしたが、信仰を捨てることはありませんでした。「信仰とは聖なる不満足」という言葉があります。口先ばかりの正義を語る友人たちに対し、ヨブは必死にまるで子どものように神にすがりました。神はその姿勢を慈しみ深く包んでくれたのです。その結末が、右ページに紹介した「ヤコブの手紙」に記されています。

ヨブは苦難の中、神に「なぜ、自分をこんな目にあわせるのですか」と必死に訴え続けることで、ついには神と出会い、新しい自分を見つけるに至ります。

このようにヨブ記は苦難の書であると同時に、「希望の書」でもあるとお伝えしたいために、冒頭のみことばを掲げました。

ヨブの苦難を通じて、私たちの人生を見つめ直す

罪を犯したから、苦難に見舞われるのか？

本書は、旧約聖書に収められている「ヨブ記」の主人公ヨブの苦難と救いの物語を通じ、現代に生きる私たちのさまざまな問題に「光」を当てることをメインテーマにしています。まず、ヨブ記のおおよその構成を紹介しておきます。

一～三章　繁栄するヨブと家族に、突然襲いかかる苦難。ヨブの嘆き。
四～一四章　悲惨な状況に陥ったヨブを見舞う三人の友人との第一回論戦。
一五～二一章　第二回論戦。
二二～二七章　第三回論戦。

三回にわたる論戦における友人たちの論法は、「すべての苦難は罪に対する裁きであり、ヨブが苦しんでいるとすればそれは罪人の証《あかし》だ。神に恨み言を突きつけるなど言語道断。神の前に悔い改めるべきだ」「神こそ正義である」というものでした。ヨブは、「自分は罪など犯していない。

神を畏《おそ》れる信仰を持っているのに、このような苦難は受け入れられない」と反論します。合計三回の論争の形は変わりますが、おおよそこのやりとりに尽きます。三二章でエリフという若者が「仲介者」として登場し、ヨブだけでなく、ヨブの弁に屈した三人の友人も批判します。特にヨブが、「自分は正しい」という主張をやめないことを激しく責めますが、その論法の基本は友人たちとほぼ同じです。

二八〜三一章　神に対するヨブの訴え。しかし神は沈黙する。
三二〜三七章　仲介者エリフが登場。神とヨブは沈黙。
三八〜四二章　ヨブが必死に望んでいた神との直接対話が実現。救いに導かれる。

三八章冒頭から、神はヨブに問います。天地宇宙、自然の営み、動物たちの存在などについて、「知っているか」「行ったことがあるか」「見たか」「できるか」など矢継ぎ早の質問を繰り出します。なんだかヨブを詰問《きつもん》しているようにも見えますが、私はここにヨブに対する神の深い愛を感じるのです。

▼「私は罪を犯していない」と神に訴えるヨブ

ヨブは信仰に篤く、隣人愛、家族愛にもあふれた類まれな誠実な人でしたが、ある日、財産のすべて、息子七人、娘三人を奪われ、さらに重い病に見舞われます。ヨブからすれば、もう死にたくなるような苦しみです。こんな理不尽なことがあるか！　と思ってもよさそうなものです。しかし、彼は愚痴をこぼしませんでした。

心配して駆けつけてくれた三人の友人はヨブの悲惨な姿を見て動揺し、ヨブや子どもたちが大きな罪を犯した報《むく》いではないかと、責め立てるようになります。ヨブはその言葉に反論し、ついには神が現れ、ヨブに七十を超える質問を繰り出します。ヨブはその質問のすべてに答えられませんでした。ヨブは自分の無力と無知を知るとともに、神の偉大な力の前に懺悔《ざんげ》をするのです。

神はその後、失った以上のものをヨブに与えるという物語です。このヨブの忍耐は、冒頭のみことばのように新約聖書の時代にも語り継がれるほど、素晴らしいお手本になったのでしょう。

心打たれる聖句が、「ローマ人への手紙」にあります。

「苦難が忍耐を生み出し、忍耐が練られた品性を生み出し、練られた品性が希望を生み出すと、私たちは知っているからです」
（五章三、四節）

当時のローマ教会はローマ帝国の残忍な弾圧にくわえ、ローマ人クリスチャンとユダヤ人クリスチャンとの対立もあり、とても困難な状況にありました。それに対し、パウロがローマ教会に送った手紙の中に、この言葉が記されています。

ヨブの苦難の物語は新約聖書の時代に伝えられ、現代の私たちの心にも響いてきます。実際の苦難にあったら、パウロの言葉のような〝綺麗事〟は通じないと思われるかもしれません。しかし神を恨み、病気を恨み、家族や友人、社会を恨むことで、一体何を得られるのでしょうか。万一、心の真ん中に空虚な穴が空いて、虚無的な感情に支配されるようになっては大変です。

カトリック教徒の遠藤周作さん（一九二三〜一九九六年）は病気で何度も入院された経験を持っていますが、『人生には何ひとつ無駄なものはない』（朝日新聞社、二〇〇五年）の中で、「くり返しの空《むな》しさ、その虚無感だけでも私たちは何か死の臭いを連想する」と書いています。遠藤さんの壮絶な最期《さいご》は、ご家族のお話によると「まるでヨブのようだった」そうです。その遠藤さんは同書で、「私は病身だったので病気を随分、利用した。負け惜しみではなく病気を骨までしゃぶって、私の人生の三分の一は自分の病気を利用することにあったと言っていい。かなりのトクをしたと思っている」とも告白しています。

「骨までしゃぶる」というユーモアはいかにも遠藤さんらしいですが、病床にある方にとっては大きな励みになる言葉だと思います。

「あんなにいい人」が、どうしてこんな目にあうのだろう？

二〇二〇年から猛威をふるった新型コロナウイルス感染症は、日本や世界を巻き込む大災禍となりました。日本では二〇二三年五月初旬現在、七万人以上の人が亡くなり、治癒《ちゆ》しても感染後遺症に悩んでいる人が少なくありません。

ご家族や友人・知人を亡くされた人にとっては突然のことだけに、「なぜあの人が!」という思いに駆られたことでしょう。しかしまわりの人より当のご本人こそ、「なぜ、私が感染して苦しみ、死の恐怖に襲われるのか」と悔しかったはずです。では、善良な人、普通の人に、なぜこのような突然の災難や病気が降りかかるのでしょうか。残念ながら、この「なぜ」という問いに答えはなかなか見つかりません。言えるのは、多くの人が不公平としか言いようのない苦しみに見舞われていることです。

小児がんは年間二千~二千五百人が発症します。幸いなことに医学の進歩で七~八割の患者さんが治癒するようになってきました。しかし、残りの二~三割のお子さんが亡くなっていることを忘れることはできません。子どもの余命を宣告された若いご両親が、「なぜ、自分たちの子どもがこんな病気に見舞われたのか」と嘆き悲しみながらも、残された時間を子どもとともに精一杯生きようとする姿を見たり知ったりすると、自然に頭が下がります。

原因を探ろうとしても現在の医学では不明なことも多いので、「もしかして自分たちの遺伝子のせい?」「育て方が悪かった?」などと考えがちですが、それはやめましょう。子どもの病気を悲しみ、怒っているだけでは、そのうち伴侶や担当医師、看護の時間を十分に取らせてくれなかった会社、不公平を黙認する社会などへの怒りや憎しみが湧いてきます。そしてその憎しみは、最後に「私が悪い」「私が憎い」と自分に向かってくるからです。

災難や病気に見舞われることについて、「あんなにいい人」と「あんなに悪い人」の間に差はありません。誰にでも、それは平等にやってくるものだからです。「なぜ自分なのか」「なぜ愛する人なのか」とその不公平を嘆きがちですが、その境遇に立ち止まるのではなく、何をするかで、人生の価値が決まってきます。「Why」（なぜこんなことになったのか）ではなく、「How」（これからどのように生きるか）にシフトすることで、その後の足取りは少しかもしれませんが、確実に軽やかなものになります。

いのちより大切なものがあると知って嬉しかった

二十四歳の時に、事故で手足の自由を失った詩人・画家の星野富弘さんの話を紹介しましょう。首から下が動かない状態になり、母親に八つ当たりすることもあったそうです。そんな時、大学の先輩が届けてくれた聖書に、「すべて疲れた人、重荷を負っている人はわたしのもとに来なさい。わたしがあなたがたを休ませてあげます」（マタイの福音書一一章二八節）というみことばを見つけ、「キリストが、わたしにも語りかけてくれているようでした」と書いています。特に印象深いのは以下の詩です。

「いのちが一番大切だと思っていたころ
生きるのが苦しかった

いのちより大切なものがあると知った日
生きているのが嬉しかった」
（星野富弘『いのちより大切なもの』いのちのことば社、二〇一二年）

いのちより大切なものへの想いは、大変な苦難に見舞われたヨブとも通じ合うように私には思えます。クリスチャンに限らず、病気になっても病人にはならず、病気をきっかけに同病の仲間と患者会を作って活動したり、医療体制の改善や治療薬の開発に一役買ったりする人も少なくありません。

私が創設した「がん哲学外来」から生まれたメディカル・カフェは今や全国で開催されていますが、がんサバイバーをはじめとする開催スタッフのご尽力には、いつも感謝しています。これらの人たちも、「いのちより大切なもの」を知っているのだと思います。

愛する子どもが難病に見舞われた時、「自分が代わってあげたい」と思う両親の心情に嘘はありません。自分のいのちより子どものいのちが一番と思う時、それぞれのいのちに、大きな価値が生まれます。

星野さんの病気や詩画の制作活動を支えた母・知野さんは、人工呼吸器につながれた息子を見て、「わが身を切り刻んででも生きる力を富弘の体の中に送り込みたい」と思ったそうです（『新版　愛、深き淵より。』立風書房、二〇〇〇年）。この母に、星野さんはこんな詩を捧げています。

「神様がたった一度だけ　この腕を動かして下さるとしたら　母の肩をたたかせてもらおう」
（『新版　愛、深き淵より。』）

自分のいのちより、神への信仰を貫いたパウロ

人を憎むのは悪、人を愛するのが善。これは、誰でもそう思います。しかしながらこの二つは相反するようで、じつは私たちの中では同居しているものです。人類愛を説く人が隣人には冷たいという場合もあります。しかし、憎むより悪いのが「無関心」でしょう。憎しみは愛に変わることはありますが、無関心が愛に変わることはありません。

新約聖書二十七書のうち「ヤコブの手紙」など十三通の手紙を書いたパウロは、もともとはユダヤ教のエリートと言ってもいい存在で、律法より信仰を上に置くキリストの教えと信徒たちを憎み、弾圧の先頭に立った人でした。しかし、天から届いたイエス・キリストの声に導かれて回心し、今度はキリストの教えを世界に広める伝道活動に力を注ぐ愛の人に変わりました。

当時の伝道はいのち懸《が》けの活動でしたが、それでもパウロは世界布教を目指し、各地を何回も巡ります。それは非常に危険な旅でした。ローマ帝国だけでなく、各地のユダヤ教徒からも「裏切り者」としていのちを狙われていたからです。訪れた各地で投獄され鞭《むち》打たれたり石打たれたりされることが度々ありましたが、このように次から次へと襲いかかる苦難にもかかわらず、パ

ウロは伝道旅行をやめませんでした。

最期はローマで斬首刑に処せられたと言われています。パウロほどの人であれば、なぜ神が救わなかったのでしょうか。おそらくパウロには、「神からいただいたいのちだから、神にお返しする」という覚悟があり、神はその意志を尊重したと言えるのかもしれません。もちろん、それは人間にはわかりません。しかし、パウロの覚悟は、ヨブにも通じるものだと言えそうです。

聖書は世界最大のベストセラー、ヨブ記は世界最大の文学書

ヨブと同じ目線で、ヨブ記を読むと理解しやすい

明治時代、内村鑑三《うちむらかんぞう》（一八六一～一九三〇年）は札幌農学校（現・北海道大学）第二期主席卒業生で、在学中にアメリカ人宣教師メリマン・C・ハリスから洗礼を受け、クリスチャンになりました。同期十二人の中に、私が敬愛する新渡戸稲造《にとべいなぞう》（一八六二～一九三三年）がいます。

内村は米国留学後、いくつかの学校で教職に就きますが、教育勅語奉読式で明治天皇の署名に最敬礼をしなかったという「不敬事件」に巻き込まれて失職、友人は去り、教会からさえ避けられるようになってしまいます。そこで活躍の場をジャーナリズムに求めた内村は、開戦間近にな

ったロシアとの戦争にクリスチャンとして断固反対します。内村のこのような姿勢は世間の冷淡な視線に晒《さら》され、自身が病気がちであったこともあり、その生活は経済的にも相当に苦しかったようです。

こんな内村が、「ヨブ記」のヨブの境遇や生き方に親近感を抱いたのは間違いありません。ヨブ記について、内村が青年たちに向けた講演録があります。その中で、ヨブ記全体には「血が通っている」と高く評価し、そのうえでヨブ記を読むに当たっては、「自分をヨブと同じ位置に置き、苦難の中に光明を見出そうとするなら、誰でも理解できる」と語ります。

たしかにヨブ記については、「難しい」という定評があります。私も正直なところ、似たような感想を持っています。それにクリスチャンからすれば、至上の神に食ってかかるヨブに今ひとつ親近感が湧かないのかもしれません。しかし内村が言うように、「ヨブと同じ位置に立つ」と、ヨブ記は案外、現代の私たちと身近なテーマを扱っているような気がします。何回も読み返していると、ヨブと自分の近しい関係に気づいたりするのです。

病気で入院したり手に負えない苦難に見舞われたりした時には、ヨブ記もヨブも「自分の味方ではないか」と思えるほど、身近に感じられるようになります。

ヨブ記に影響を受けたと思われる文学作品としては、イタリアの詩人ゲーテ（一七四九～一八三二年）の戯曲『ファウスト』、同じくイタリアの詩人ダンテ（一二六五～一三二一年）の『神曲』、ロシアの文豪ドストエフスキー（一八二一～一八八一年）の『カラマーゾフの兄弟』などがあります。前出の遠藤周作さんの『沈黙』は、激しいキリスト教弾圧下にある日本にやって来たポルトガル人青年司祭ロドリゴの物語です。拷問《ごうもん》の末に次々と処刑されていく日本人信徒を前にして、「なぜ神は沈黙しているのか」というロドリゴの血を吐くような苦悶《くもん》が大きなテーマになっています。篤い信仰を持ちながら、神の正義を疑い始めるという点で、ヨブとロドリゴには確かに共通点があります。

ヨブ記の物語は紀元前五世紀ごろ、族長時代が舞台か

ヨブ記には、「信仰の父」と言われるアブラハムやユダヤ人の先祖となるヤコブ、ユダヤ人という言葉が出てきません。出エジプトやモーセの話題もなしです。そこから想像できるのは、ヨブは彼らと同時代に生きた人、ユダヤ人ではない実在の人物だったのではないかということです。

作者としてモーセ、あるいはヨブ本人が書いたという説もありますが、今のところ不明です。誰が書いたものでもヨブ記の価値に変わりはありませんが、全体の構成や信仰への理解からすると、かなりの文学的・神学的な素養を身につけた人であることは間違いないでしょう。

ヨブ記が書かれたのは、紀元前五世紀ごろと推測されています。この時期にギリシアにはプラトンやソクラテス、中国には孔子、イスラエルでは亡国の危機を前に多くの預言者が登場し、そしてインドには仏教を起こしたゴータマ・ブッダ（釈迦）が出現します。

ヨブはウツの地（エドム・死海の南東）の人で、族長の一人でした。ヨブ記の冒頭で、「この人

は誠実で直《す》ぐな心を持ち、神を恐れて悪から遠ざかっていた」とあり、七人の息子と三人の娘に恵まれ、羊七千匹、らくだ三千頭、牛五百くびき、雌ろば五百頭、それに多数のしもべを所有する大富豪でした。しかも家族に恵まれ、独立した子どもたちの仲もすこぶるよく、まさに理想的な家族だと言っていいでしょう。

ヨブはとても信仰心の篤い人で、子どもたちが罪に陥って神を呪《のろ》うようなことがあってはならないと、ささげもの（生け贄《にえ》）を献じることも忘れませんでした。このように家族の中で祭司役も務める一点の曇りもないヨブでしたが、ある日、壮絶な災禍に見舞われるのです。

神にとって自慢の存在だったヨブに、サタンが横槍を入れる

私たちのまわりには夫婦仲が良く、他人への心遣いを忘れない両親のもとで子どもは健やかに育ち、しかも裕福な家族がいます。そのような家族にも、大災害や飛行事故で家族の誰か、最悪の場合は家族全員がいのちを奪われるようなことが起きますが、ヨブも最悪悲惨な苦難に見舞われることになります。

ヨブの長男の家で宴が開かれていた時、砂漠の民に襲われ裕福な生活の礎だった家畜のすべてを失い、さらに大嵐が襲いかかり、子ども十人のいのちも奪われてしまいます。これはもう、大惨事と言うしかありません。宴に出席していなかったヨブはその知らせを受け、上着を裂き頭を剃って悲しみを爆発させます。しかしそれでもヨブは、神を責めたりはしませんでした。それ

どころか、「私は裸で母の胎《たい》から出て来た。また裸でかしこに帰ろう。主は与え、主は取られる。主の御名はほむべきかな」（ヨブ記一章二一節）と、神への絶対の信頼を口にするのです。

ここではまだ、ヨブは「なぜこんな目にあわせるのか」と神を詰問せず、これからの身の処し方に考えが向かっています。それほどヨブは正しい「義の人」でした。

この大災禍には理由がありました。天上の集まりで神は、「ヨブほどの人間は地上にはいない」と賞賛します。そこに口を挟《はさ》んだのがサタンです。ここでのサタンは「悪魔」ではなく天使の異形で、「あたかも検察官の如く人間の弱点、欠点、失敗、蹉跌《さてつ》に目をつけ、それを摘発し、暴露することをもって任務とする」（浅野順一『ヨブ記』岩波書店、一九六八年）存在です。サタンは、「ヨブは大きな恩恵を授かっているから神を信仰し、恐れているのでしょう」と語ります。それに対し、神はこう言われます。「では、彼（ヨブ）をおまえの手に任せる。ただ、彼のいのちには触れるな」

このやりとりが、ヨブの大きな苦難の始まりとなりました。

大きな苦難に見舞われても、ヨブの神への信仰は変わりません。しかしサタンはあきらめず、「ヨブ自身の体に打撃を加えれば、あなたを呪うようになる」と神に言って、ついにヨブは全身に痛みを伴う悪性の腫瘍に見舞われることになるのです。その痛みは筆舌に尽くし難いほどのものでした。この病と痛みが、ヨブの心情に大きな影響を与えることになります。

見舞いにやって来た三人の友人は、「無用の医者」だった

友情とは、信頼と尊敬に裏付けされているもの

友情とは、どこかつかみどころのない感情と言えるかもしれません。読者の皆さん一人ひとり、友情の意味も大切さの基準もまちまちでしょう。しかしパウロは、イエス・キリストのみことばをもとに、友情を次のように定義付けています。

「人が自分の友のためにいのちを捨てるという、これよりも大きな愛はだれも持っていません」

（ヨハネの福音書一五章一三節）

この友は弟子たちのことを指します。弟子たちもイエスを「友なるイエス」と崇《あが》めます。イエスはこの世にあるすべての友のために、十字架につけられ死にて葬られるのです。それはさておき、私たちの現実の友人について少し考えてみましょう。たしかに友情は、夫婦愛や子どもへの愛、恋愛、職場や近所の人たちへの愛よりも〝利害関係〟が薄く、それだけに崇高で純粋なものを感じさせます。

私は講演や書籍で、入院中の友人や知人、ご家族をお見舞いする時の心得を度々説いています。個人面談でお話を聞いた患者さんの多くが、「励ましの言葉はちょっとつらい。こちらはがんばるだけがんばっているのだから。できれば自分の愚痴や不安を黙って聞いてくれると、とてもありがたい」と思っていることを知ったからです。そこで私はお見舞いに行ったら、「患者さんの傍で黙って三十分座っていればいい」とおすすめしています。患者さんが口を開くまで待つ。何かを言い出しても無理に言葉を返さず、ひたすら耳を傾けることが患者さんにとっては大きな癒《い》やしになります。

これは友人同士との日常的な関係にも当てはまります。特に友人が苦難に見舞われ、深い悩みに打ちひしがれている時、必要なのは正論ではなく、無条件の同情であり、共に悲しみ、共に悩む姿勢です。「病気は神から与えられた試練ですよ」という言葉も、軽い気持ちでは口にしないほうが無難です。

ヨブの窮状に、黙ってはいられなくなった三人の友人

ヨブのことを聞きつけた三人の友人が、ヨブの元《もと》に駆けつけます。

最年長のエリファズ、ビルダデ、ツォファルです。いずれも有力者と推測され、それなりに善人、賢人です。内村鑑三はエリファズを老牧師、ビルダデを壮年有能な神学者、ツォファルを少壮有為の実務家と分類しています。

ヨブ記の大半は、ヨブと三人の友の論争が描かれています。この論争を通じてクリスチャンや多くの宗教家、文学者、哲学者から、この三人の友人はどちらかというと「嫌な人間」扱いをされていますが、友情という面から見ると評価すべきところもあります。

当時の通信手段は人間が直接伝えるしかありませんから、彼らがヨブの大変な災禍を耳にするまで一年くらいかかったのではないかと、内村鑑三は講演の中で推定しています。彼らはヨブを慰めようと危険な砂漠の旅をして訪れたわけで、この友情あふれる行動自体は評価してもいいのではないでしょうか。彼らはやって来て遠くからヨブの姿を見つけた途端、かつては堂々としていたヨブの姿のあまりの変容ぶりに、「声をあげて泣き、それぞれ自分の上着を引き裂き、ちりを天に向かって投げ、自分の頭の上にまき散らした」（ヨブ記二章一二節）と悲しみを爆発させたのです。当時、上着は大変貴重で高価なものであり、これを裂くのは大きな悲憤を象徴するものでした。そして三人は七日七夜、ヨブとともに地に座り、誰も話しかけなかったとあります。

三人はそのまま沈黙を守ればよかったのですが、ヨブが「生まれてこなければよかった」と嘆き始めた途端、様相が一変します。

「なぜ」を連発するヨブの嘆きに、友人たちは反発

大きな苦難に見舞われたヨブから、三人の友人が最初に耳にしたのが「嘆きの数々」です。大きくまとめると前記の「こんな目にあうなら、生まれてこなければよかった」ということになる

でしょうか。これには、友人も少々カチンときたかもしれません。「元の生活に戻ってもらうよう励ましにきたのに、その言い草は何だ」と。しかしヨブは堰《せき》を切ったように語り出します。

ここでの特徴は、「なぜ私は、胎内で死ななかったのか」をはじめとして、「なぜ」という疑問符を連発することです。神の正義にすら疑いを持ち始めたようにも、私には思われます。それほど自分の境遇に納得がいかなかったのでしょうが、こうなると神の正義を確信する友人たちも黙ってはいられません。いよいよ論戦が始まります。しかし、友人たちはヨブの「なぜ?」に答えるのではなく、異口同音に「このような災いはヨブの罪の結果だ。善行には幸福、悪行には不幸が与えられる。だから罪を認めて懺悔しろ」と、ヨブを批判するばかりです。

因果応報《いんがおうほう》とは、シンプルに言えば「原因があるから、結果がある」ということです。

このような考え方は、現実を見れば破綻していることは明らかです。交通事故で、車に同乗していた一人が亡くなり、もう一人が軽傷ですんだとしましょう。亡くなった人に罪があり、軽傷ですんだ人に罪はないということはありません。クリスチャンは病気から守られ、その他の人たちは病気に見舞われるなどということを誰も認めないでしょう。

ひとつの現実として、「ご先祖様の罪をあなたが祓《はら》わないと、ご先祖様もあなたも幸せにはなれない」と誘う宗教も少なくありません。しかしこのような考えは、大きな苦難に見舞われている人にとっては邪魔になるばかりです。

神も評価するほど誠実で信仰に篤い生活を送ってきたヨブが、友人たちの批判を受け入れることはありませんでした。しかもヨブは地理学や生理学、神学や天文学にも通じた大変な賢者で、友人たちの言葉にことごとく反論します。

友人たちに欠けていたものは心配り

病気の人を見舞う時には、相手に合わせた心配りが必要です。気づかぬうちに、ヨブの友人たちと同じ失敗を犯している人が多いように思います。

たとえば、生活習慣病という言葉があります。生活習慣が原因となって発症する疾患群を指すのですが、糖尿病や大腸がん、肺がんなど一部のがんもその分類に入ります。予防のためには食事や運動などに気をつけるのはよいことですが、私はがんの原因が生活習慣にあると断じられることには違和感があります。もし、何らかの生活習慣病で入院した人に向かって、「過去の食事内容に問題があったのでは？」などと言えば、患者さんはどんな気持ちになるでしょうか。そんな原因を探ることより、まずは黙って患者さんの言うことに耳を傾け、患者さんと同じように病状を気にかけることです。

ヨブの友人たちには、この心配りが決定的に欠けていました。特にビルダデは、「神が彼ら（子どもたち）をその背きの手に渡されても、……あなたが純粋で真っ直ぐなら、今すぐ神はあなたのために奮い立ち、あなたの義の住まいを回復されるだろう」（ヨブ記八章四、六節）。つまり、あなたのせいで子どもたちは死んだのだ、と言っているようです。子どもを亡くした親に向かって言う言葉ではありません。ヨブが強く反発したのも、当然です。

神は、病気であっても病人にならない生き方を後押ししてくれる存在です。ビルダデの言葉はそんな神を冒瀆《ぼうとく》するものです。友人たちはヨブの症状を誤診し、症状を悪化させる「非難」という薬を処方してしまったのです。

ヨブはついに、友人たちを「無用の医者だ」（一三章四節）と決めつけ、さらに激しく批判します。

「さあ、私の論じるところを聞き、私の唇の訴えに耳を傾けよ。あなたがたは、神のためにと言って不正を語り、神のためと言って欺《あざむ》くことを語るのか。あなたがたは、神の顔を立てるつもりか。神のためにと、言い争うつもりか。神があなたがたを調べても、かまわないのか。人を欺くように神を欺こうとするのか。神は必ずあなたがたを責める。ひそかに自分の顔を立てようとするなら」（一三章六～一〇節）

神のためと言いながら、結局は自分の顔を立てるつもりではないか。そんなことをしたら神からの責めを負うのだと。そしてヨブは、自分の立場を明らかにします。

「見よ。神が私を殺しても、私は神を待ち望み、なおも私の道を神の御前に主張しよう。

神もまた、私の救いとなってくださる。神を敬わない者は、御前に出ることはできない」
（同一五〜一六節）

どんな目にあっても、たとえ神に殺されても、神への信仰だけは失わないという覚悟の宣言です。しかし神への信仰と、自分の境涯との深い谷間に思い悩むヨブの姿も見えてきます。

心が揺れ動くヨブの前に、ついに神が姿を見せる

三回にわたった三人の友との論戦

ヨブの嘆きは、神への抗議に変わっていきました。「あなたは、いくつもの夢で私をおののかせ、幻によって私をおびえさせます。私のたましいは窒息を、私のからだではなく死を選びます。もういやです。いつまでも生きたくありません。かまわないでください。私の日々は空しいものです」（ヨブ記七章一四〜一六節）と、死さえ願うようにもなります。その一方でヨブは、神の愛を求め続けるのです。抗議自体、子どもが親に「自分のことをわかってほしい。目を注いでほしい」という切ない願いのようにも見えます。

友人たちに対してもヨブは強い言葉で、時には冷笑するように振る舞いながらも、「ぜひ、私のほうに顔を向けてくれ」と哀願したりもします。すべての家畜と子どもを失う苦難に追い討ちをかけるように、死に向かって転がり落ちていくような病に苦しむヨブが、強気になったり弱気になったり揺れ動くのは仕方ないことでしょう。その揺れ動きこそが、じつはヨブの活力となり、いのちをつないだのかもしれません。

三人の友人との論戦は三回にわたります。激しいやりとりもありますが、友人の「因果応報」の考えは一貫しています。神は正しく、ヨブは間違っていると。一方、神への抗議の言葉を連ねていくうちに、ヨブは徐々に自分の無力さを感じるようにもなります。しかも友からの激しい言葉に傷つき、いたたまれないような孤独感にも襲われますが、決して主張を曲げませんでした。そして言い放ちます。

「あなたがたが、『彼をどのように追いつめようか。事の原因は彼にあるのだから』と言うなら、あなたがたは剣《つるぎ》を恐れよ。憤《いきどお》りが剣による刑罰をもたらすからだ。こうして、あなたがたはさばきがあることを知るようになる」

（一九章二八〜二九節）

ヨブのこの言葉によって、友との論戦はほぼ終止符を打ったと言えるでしょう。友の言葉は一見すると正しいのですが、あまりにも公式的でした。神を知る能力もないのに神について語った三人の友人、ヨブはある意味で同罪です。しかし、実際に苦難に見舞われ、神の正義にさえ疑問を抱き、激しい抗議を重ねていくうちに、じつは神との距離が少しずつ縮まってきたヨブを、友人たちは打ち負かすことはできませんでした。

友人との論戦のあと、エリフという若い仲介者が現れます。彼は唯一ヘブル人でしたが、その主張は三人の友人の「因果応報」の考え方とほぼ変わりません。ヨブは耳を傾けるだけで、応答はしませんでした。

その時です！　ついにヨブが待ち望んでいた神が現れるのです。肉眼では見ることができませんが、確かに声が届くのです。そして神は開口一番、「知識もなしに言い分を述べて、摂理を暗くするこの者は誰か」（三八章二節）と、厳かにヨブに問いかけました。実に劇的なシーンです。

ヨブは、神の力が宇宙に及んでいることを知った

創世記の物語を信じる人は、この地球と宇宙に、そして人間の誕生に神の力が及んでいることに疑いを持ちません。この世のすべてを科学で解明できるなどと考えるのは、人間の驕《おご》りです。いまだに宇宙についてわかっているのは、全体の数パーセントに過ぎないと聞いたことがあります。がんになる要因にしてもタバコや飲酒、ピロリ菌とかいろいろと指摘されていますが、最後は「～だろう」と推測で終わることがほとんどです。そんなことから私は、「原因がはっきり特定できない以上、がんを予防するのは難しい。対症療法の進歩に全力をあげるべきだ」と思った

りもするのです。

私は病理医として数多くのがん細胞を見つめてきましたが、人間の身体といのちを脅かすがん細胞にすら、神の力が働いていると思うことがあります。私の間接的な恩師であるがん病理医の吉田富三（一九〇三〜一九七三年）先生は、「悪性腫瘍も、人体との関連に於てのみ考察される限りは悪性といふ言葉に支障はないが、……悪性なる腫瘍の細胞も、例へばガラス器の中で培養が続けられて行く時には悪性ではない」と語っています（第十三回日本医学会総会の記念講演より）。神が創造したものに、無駄なものや悪いものがあるはずもありません。

すべての創造主である神はヨブに向かって、まず次のような言葉を突きつけます。


「あなたは生まれてこのかた、朝に対して命令を下し、暁に対してあるべき場所を指し示して、これに地の縁をつかませ、悪しき者をそこから振り落としたことがあるか。地は押印された粘土のように姿を変え、そこにあるものは王服のように彩られる。その光は悪しき者から退けられ、振り上げられた腕は折られる」

（三八章一二〜一五節）


朝の描写ですが、この朝を創ったのは誰かと、ヨブに問いかけるのです。神は宇宙の摂理を語り、馬や山羊などの動物を創造したのは誰かと矢継ぎ早にヨブに迫ります。その時のヨブの反応を、内村鑑三は次のように語ります。少し要約して紹介しましょう。

「ヨブはそれまで神を知っていると思っていた。しかしそれは真に神を知っていたのではない。神について聞いているにすぎなかった。神に関する知識を所有しているにすぎなかった。しかし今、ヨブは万象を通じて、神を直観直視することができるようになった。神の大きな力と人の無力を知ることによって、それがヨブの懺悔につながった」

この見方が当たっているのではないでしょうか。ヨブは神にこう答えるからです。

「ああ、私は取るに足りない者です。あなたに何と口答えできるでしょう。私はただ手を口に当てるばかりです」（四〇章四節）

「それで、私は自分を蔑《さげす》み、悔いています。ちりと灰の中で」（四二章六節）

自分の無力と無知を知ることで、ヨブは新しく生まれ変わる力を得たのです。

自然が持つ力に、もっと目を向ける

私は、「富士山オタク」です。その山容を見るたびに心が洗われる気がします。私が誕生した年、今は亡き母の初夢が富士山だったこともあり、「富士山っ子」といつも励まされていたことを覚えています。今も東海道新幹線の窓から富士山が見えたりすると、無条件に嬉しくなります。私にとっては、そこにあるだけで富士山は価値のある存在です。

病気で入院すると、病室の窓から見える限りある自然に癒やされます。長期の入院になると、樹木の葉の色で季節の移ろいを感じたりもします。クリスチャン作家の三浦綾子さん（一九二二〜一九九九年）は合計数年にわたる入院生活の中で、病室の窓から見える景色に愛着を覚えたそうです。

心理学者のヴィクトール・E・フランクル（一九〇五〜一九九七年）がナチスの強制収容所での経験を著した『夜と霧』（みすず書房、二〇〇二年）には、自然を巡るいくつかの描写があります。

「アウシュヴィッツからバイエルン地方にある収容所に向かう護送車の鉄格子の隙間から、頂《いただき》が今まさに夕焼けの茜色に照り映えているザルツブルクの山並みを見上げて、顔を輝かせ、うっとりしていた。わたしたちは、現実には生に終止符を打たれた人間だったのに」

「わたしたちは、暗く燃えあがる雲におおわれた西の空をながめ、地平線いっぱいに、鉄《くろがね》色から血のように輝く赤まで、この世のものとも思えない色合いでたえずさまざまに幻想的な形を変えていく雲をながめた。その下には、それとは対照的に、収容所の殺伐とした灰色の棟の群れとぬかるんだ点呼場が広がり、水たまりは燃えるような天空を映していた。わたしたちは数分間、言葉もなく心を奪われていたが、だれかが言った。『世界はどうしてこんなに美しいんだ！』」

明日、いのちの終末を迎えるかもしれない人たちが、夕暮れの景色に心を奪われる様子に、心を強く打たれます。ユダヤ人は、その風景の中に神を見出したのかもしれません。自然には、このように人を敬虔《けいけん》な気持ちに導く力があるようです。

ヨブの「なぜ」「どうして」という疑問に、答えはあるのか?

神が自然を含めたすべてを創造したことを知り、ヨブは自分の無力を悟ります。

ヨブと論戦を繰り返した三人の友人は神から、「わたしの怒りはあなた（エリファズ）とあなたの二人の友に向かって燃える。あなたがたが、わたしのしもべヨブのように、わたしについて確かなことを語らなかったからだ」（ヨブ記四二章七節）と叱責されます。しかし、三人はうろたえたことでしょう。神に対抗するヨブに対し、正義を語ったと思っているわけですから。ヨブ記を読んでいると、ふと三人の友人の言い分に引き寄せられ、ヨブが間違っているのではないかと思ったりします。これが、正義・正論の持つ怖いところかもしれません。

職場や学校、ご近所でも正義を大きな声で語る人がいます。世の中に不正がはびこっていますので、正義＝善は受け入れられやすい理屈です。しかし、神は「太陽を悪人にも善人にも昇らせ、正しい者にも正しくない者にも雨を降らせてくださる」（マタイの福音書五章四五節）存在です。

テレビドラマの「水戸黄門」は勧善懲悪《かんぜんちょうあく》を実践する天下の副将軍で、その活躍ぶりは小気味《こきみ》がよくて私は好きなのですが、残念ながら現実はそう簡単ではありません。悪事を働きながら大きな家に住む豊かな人がいれば、子どものために懸命に働くシングルマザーが貧困に喘《あえ》ぐという現実もあるわけです。このような現実を、神は黙認するのでしょうか。これはヨブの「なぜ」にも通じるテーマです。

ヨブは三人の友人を赦しました。「私は自分を蔑み、悔いています。ちりと灰の中で」と謙虚な信仰を手にしたヨブの大きな愛が、三人の友人に示されたのです。そのようなヨブに神は、失ったもの以上の恩恵をヨブに授けてくれます。裕福な生活が戻り、息子七人、娘三人が生まれ、離れて行った兄弟姉妹、そして友人や知人たちも戻って来ます。その後ヨブは二百十歳まで生きることになるなど、ヨブ記の物語はハッピーエンドで幕を下ろします。

しかし、ちょっと待ってください。考えてみると神は、苦難に溺れそうになったヨブの「なぜ」という質問に具体的には何も答えていないことに気づきます。ヨブのように突然の病や災難に襲われる可能性は、誰にでもあります。そして、「なぜですか?」と神を問い詰めたくなることもあるでしょう。これからのあとの章で、その答えを皆さんと一緒に探しにいこうと思います。

第一章

突然の病や事故が、なぜ降りかかるのか

神は苦しむ人をその苦しみの中で助け出し、
抑圧の中で彼らの耳を開かれる。
神はまた、あなたを苦難の中から誘い出し、
束縛のない広いところに導かれる。
豊かな食物が備えられた、食卓での安らぎに。

（ヨブ記三六章一五、一六節）

神は人間の共犯者にはならないし、取引もしない

右ページにあるのは、三人の友人とヨブの間に立った仲介者エリフの言葉です。三人の友人は、ヨブが罪を犯したから苦難に見舞われたという因果応報の考えからヨブを責めたのに対し、エリフの言葉は、「苦難によって、神は人間をもっと高いところに導こうとされている」という趣旨では終始一貫しています。右記の言葉は、決して間違っていないように見えます。たしかに、「神は、どんな苦難からも必ず救い出してくださる」と思えば、ちょっと安心感を覚えますが、ヨブはほぼ沈黙を守り、神も言葉を挟みません。

どうしてなのでしょうか。エリフには、「人間の行動によって、神の気持ちが変わる」という不遜《ふそん》な考えが潜《ひそ》んでいるように見えます。しかし神はどんな時にも、どのような形でも人間の共犯者にはならず、人間と取引もしない存在です。

苦難が人を成長させるのは事実ですが、苦難そのものが人を成長させるわけではありません。苦難に際してどう向き合うかが肝心です。苦難によって心が曲がってしまい、さらなる苦難を引っ張り込むこともあります。苦難に向き合う時、その背中を押し、手を差し伸べてくれるのは神であり、良き隣人です。しかし本人に意思がなければ、神もまわりの人もお手上げになることでしょう。

理想の人類愛は大切だが、身近な隣人愛にも目を向ける

人に迷惑をかけてもいいと、みんなが思える社会へ

前項のように本人の意思が大切と言っても、今流行《はや》りの自己責任論とは違います。「どんなに苦しい境遇にあっても、自分ががんばることでなんとかしろ」は非情すぎます。それは仲介者エリフの言い分にどこか似ていて、「自分の力」に頼れと強制することであり、ある意味で傲慢とも言えます。自分の力だけで何とかなるなら、とっくにやっているでしょう。そして、何ともならないことが多いのが現実なのです。

弱い人が病気になるわけではありませんが、病気になると弱くなる人はいます。しかしその弱さは、「どうすればいいか」につながり、「助けを求めよう」という気持ちにたどりつくこともできます。序章で紹介したパウロは不屈の信仰心を持つ人ですが、何らかの持病を持っていたようで、何度か神に「治してほしい」と願いますが叶いませんでした。しかしパウロは自分の弱さに神が手を貸してくれることを確信し、実際にそのとおりになりました。パウロはこう書きます。「私が弱いときにこそ、私は強いからです」（コリント人の手紙第二、一二章一〇節）。このパウロに寄り添って助けたのが、「ルカの福音書」を書いた医者でもあるルカでした。

「みんなで一人前」でいいのではありませんか。神が人間を完全な存在にしなかったのは、それぞれが不足しているところを補い合うようにするためだからです。助けられる人は助ける人へ、助ける人も助けられる人になる「その時」が必ずやってきます。

ユダヤ教ラビ（教師・聖職者）のH・S・クシュナーが書いた『なぜ私だけが苦しむのか　現代のヨブ記』（岩波書店、一九九八年）という本があります。クシュナーの息子アーロンは早老症《そうろう》という難病に襲われ、余命は十年余と宣告されます。ラビはその教区に住む人々の相談相手でもあるわけですが、その働きを続けながら、十四歳で天に帰る息子の病気に向き合うことになります。息子の死をめぐってクシュナーは、こう書いています。

「私たち一家は、アーロンが病気の間、思いやりと理解を示してくださった人びとによって支えられ、励まされました。アーロンの体格に合った小型のテニス・ラケットを作ってくれた男の人、家宝にしていた手づくりの小さなバイオリンをくれた女性、野球のレッド・ソックスのサインをもらってきてくれた友人、……いっしょに裏庭でスティック・ボールをして遊んでくれた子供たち。そうした人たちこそ『神のことば』だったのです。神はその人たちを通して私たち一家に、孤独ではないし、見捨てられたのではないことを語ってくれていたのです」

クシュナーは人を助け、そしてその人たちに助けられたわけです。

病気も生活苦も、その人たちの責任ではありません。まわりに少しくらい迷惑をかけても、それはお互い様。みんながそう思えるような社会なら住みやすいのですが。

私たちはアダムとエバによって、善悪を選ぶ自由と意思を得た

人は何か悪いことをたくらむ時、仲間を増やし徒党を組みます。一人なら静かで穏やかな顔をしているのに、集団になると途端に悪い行動に走るものです。こうなるともう、周囲のコントロールがきかなくなってしまいます。集団であれば、自分の過ちを人のせいにする逃げ道もあるから厄介《やっかい》です。

アダムとエバが住んでいたエデンの園の中央に神は、「いのちの木」と「善悪を知る木」の二本を用意しました。エバは神から善悪を知る木の実は決して食べてはいけないと命じられますが、「いのちの木」については何も言われません。しかし、禁じられれば食べたくなるもので、エバは善悪を知る木の実を食べることを選び、アダムにも渡します。二人は自分たちの意思でいのちの木ではなく、善悪を知る木を選びました。

おかげで人間は「選ぶ自由」と「善悪を判断する力」を得るのですが、それは神の想いと異なることもあるわけです。アダムとエバが神に逆らった罪が数多くの苦難をもたらし、ヨブを経て私たちにも引き継がれています。

エバは神に対し、「蛇にそそのかされた」と責任転嫁の言い訳をし、アダムは神の呼びかけに嘘をついて逃れようとします。

どうですか。アダムとエバと同じことを繰り返すところからも、私たちはまぎれもなく二人の子孫であると言えます。アダムとエバが犯した罪を私たちも背負っていて、この罪を「原罪」と言えるかもしれません。しかし原罪は遠いところではなく、身近にあるものです。

クリスチャン作家の三浦綾子さんは「『お前なんか二度と見たくない』……というのは、一生見ないためには、死んでほしい、つまり死んでしまえということなのだ」（『光あるうちに』新潮社、一九八二年）と警鐘を鳴らしています。がん患者さんのお見舞いに行って、「あれ、お元気そうですね」と思わず口にする言葉も罪深いと言えるかもしれません。このように法律には触れなくても、知らないうちに隣人を傷つける言葉を向け、振る舞うことも罪のひとつと言えるのです。

アダムとエバから引き継がれたものは、それればかりではありません。

ちょっと冗談っぽくなりますが、エデンの園の物語とがんのメカニズムの関係は、治療法にまで及びます。神は蛇にこう言います。「わたしは敵意を、おまえと女（エバ）の間に、おまえの子孫と女の子孫の間に置く。彼はおまえの頭を打ち、おまえは彼のかかとを打つ」（創世記三章一五節）

蛇が口を開けて、人間のかかとに嚙《か》みつこうとしている姿を想像してみてください。これを、がん細胞と治療の関係にとらえると、治療薬（かかと）とそれに作用するがん細胞のリガンドレセプター（蛇の口）のように見えるのです。

エバが「いのちの木」の実を食べていれば、私たちは永遠のいのちを授かったわけです。アダムとエバが善悪の木の実を食べたことで私たちは神の警告を拒み、「死ぬこと」を選んだのです。それはそれで、よかったかもしれません。アブラハムは百七十五歳、ヨブは二百十歳、モーセは百二十歳まで生きたということですが、それほどの長寿に私たちは耐えられるでしょうか。私たちは限りあるいのちだからこそ、お互いにやさしくなれるという意味で、寿命に感謝してもいいのかもしれません。

選ぶ自由がもたらしたものは何か？

人類愛をいつも口にしながら、電車の中やスーパーマーケットで子どもが泣いたり騒いでいたりすると不愉快になる。人はこのように遠くの隣人愛にあふれていても、近くの隣人には意外に冷たいものです。あるスーパーマーケットで小学低学年から乳飲み子まで五人の子どもをなだめすかしながら、エレベーターを待っている女性がいました。見るからに大変そうです。実際、「大変ですね」と声をかけられたことが何度もありますが、その日は違いました。年配の女性が微笑しながら、「幸せそうですね」と声をかけてくれたのです。初めての経験でしたが、「思わず泣きたくなるほど嬉しい言葉でした」と語ります。

年配の女性は「善」の人です、間違いなく。一方で第二次大戦中、ユダヤ人数百万人を殺戮《さつりく》したナチスのヒトラーを、前出のクシュナーは「稀《まれ》に見る悪の天才」と断じます。そして、「神は殺人者の側にではなく、犠牲者と共にいた」（『なぜ私だけが苦しむのか』）と書きます。そして、アウシュビッツに収容されたリーヴ・ロバート・ブレンナー（『ホロコーストを生き延びた者の信仰と疑問』）の、「神に対する私の信仰がそれによっていささかもそこなわれることはなかったと考えている。……神にはその（ホロコースト）の責任はないのだ」という言葉を紹介しています。

当事者の言葉だけに、耳を傾けるべきでしょう。しかしそれでも、「やはり神に責任があるのではないか」という疑問を抱いても仕方のないところです。これはヨブの疑問とつながっています。

一方で第二次大戦中（一九四〇年）、ポーランドの隣国リトアニアの総領事館領事の杉原千畝《ちうね》（一九〇〇～一九八六年）は難を逃れようとするユダヤ人約六千人に「いのちのビザ」を発給して、国外脱出の道を提供しました。彼はロシア正教会の信徒と言われていますが、ナチス・ドイツと同盟関係を結ぶ本国政府の意向に逆らっても、良心に従った行動を選んだのです。杉原だけではなく、ソ連と満州の国境に逃れてきたユダヤ人難民二万人に、人道的な見地からビザを発給するよう満州国政府に指示を出したのが、陸軍の樋口季一郎《きいちろう》中将（一八八八～一九七〇年）です。当時からするといのちを懸《か》けた選択だったかもしれません。ユダヤ人救済に動いたナチス軍人やドイツ国民がいたことも、戦後わかりました。

最初に涙を流してくれるのは神！

杉原のような振る舞いこそ、隣人愛というものです。隣人愛に国境はありません。悪を選んで人を殺し、善を選んで人を救う。これは、個人個人の選択にかかっています。自分のお金を自分のためだけに使うのも、困っている人にも使うのも自由です。

クリスチャンでなくても、「隣人を愛しなさい」は社会のモラルのひとつと言えるかもしれません。私は「正論より配慮」が大切と考え、つねにこの配慮できるかぎり従うことを、「私の自由意思」で決めています。各地で開催されているメディカル・カフェでは、がん患者さんとの個人面談やグループごとの懇談を行うことが多いのですが、それぞれが人生という道の途中でがんという病気に出合い、心が揺れ動いていたり達観していたりと、人さまざまです。皆さんの貴重な「物語」を傾聴することは、私にとってもありがたい経験になります。

希少がんを発症し何回かの手術を体験した男性は、定期的な検査を受けながら教会が主宰するメディカル・カフェのたびにご自分の検査結果のフィルムや、がんの内容をわかりやすく図解したものを持参して、皆さんに披露することがルーティンになっています。大変な趣味人で、桜の季節には近隣の桜の名所を写真で紹介し、時には手作りのケーキやクッキーを皆さんにご馳走してくれることもあり、カフェの参加者は、次回には彼からどんなものが飛び出すか楽しみにしているそうです。彼はクリスチャンではありませんが、教会スタッフからの信頼は絶大です。

この男性と個人面談をしたことがありますが、何より感銘を受けたのはがんという苦難を経て、そのような生き方を自分の意思で選んだことです。意思には、「良い意思」と「悪い意思」があります。お節介にも、自分中心の「余計なお節介」と人を優先する「偉大なるお節介」があるように、自由意思がどちらに転ぶかで、結果は大きく変わってきます。この自由意思による選択に、神は関わりを持つのでしょうか？　なぜなら「隣人を愛する」のは人の意思にかかっているからです。神は隣人を愛し、平和に暮らすことを私たちに求めています。神はつねに、私たちの背中を押してくれているのです。

悲惨な戦争、事故、災害、そしていのちに関わるがんなどの病気に見舞われた時、「神はなぜ、このようなことを許すのか」と叫びたくなるのは当然です。しかし、そのすべてに神は関わりを持っていないのではないかと、私はふと思ったりするのです。ただし、悲しみにある人には、さまざまな人を通じて話しかけてくれるのが神です。災害があるとボランティアの皆さんが活躍しますが、それも神の差し出す「言葉」のひとつと言えるかもしれません。

公民権運動を指導するキング牧師（一九二九〜一九六八年）が主人公の「グローリー　明日への行進」（米国、二〇一四年）に、こんなシーンがありました。非暴力のデモに参加し、警察官に射殺された青年の祖父に向かって、キング牧師は慰めの言葉を贈ります。「神は最初に泣きました。お孫さんのために。」それに深く頷《うなず》く祖父の姿が印象的でした。

言うまでもなく神は、人種差別など認めていません。そこでキング牧師のような人を通じ、

「差別は間違っている」という意志を伝えてくれているのではないでしょうか。

「ベスト・オブ・エネミーズ　価値ある闘い」（米国、二〇一九年）という、これも人種差別を描いた映画があります。過激な差別主義団体の幹部である、ごく「普通」の白人男性が、公民権運動家の黒人女性と対立しているうちに黒人の立場を理解するようになる物語で、実話だそうです。白人グループから裏切り者扱いされることを承知で、立場を変えることを選んだ白人男性ですが、そのきっかけとなったのは黒人女性に誘われて食事を共にしたことでした。

キリスト教では、「食事＝平和」を意味します。食事を通じて神は、人種差別者の心に働きかけてくれたとも言えそうです。

言葉は言う人によって、受け取り方が違ってくる

私は常々、「何を言ったかではなく、誰が言ったかを重視する」と話しています。人種差別をする人が「神の愛」を語るのは論外ですが、聖書の言葉を引用する時も気をつけなければなりません。聖書自体に問題があるわけではなく、聖書の言葉を軽い気持ちで人に伝えることは、時として相手をひどく傷つける場合があるからです。

私が大好きで、座右の銘と言ってもいい有名な聖句があります。

「神は真実な方です。あなたがたを耐えられない試練にあわせることはなさいません。む

しろ、耐えられるように、試練とともに脱出の道も備えていてくださいます」
（コリント人の手紙第一、一〇章一三節）

当時のコリントは貿易の中心地であったため、ローマ帝国各地から商人などが移住し、偶像崇拝を中心とするさまざまな宗教が入り乱れ、パウロが立ち上げたコリント教会もその影響を受けて混乱をきたしていました。パウロがその困難を克服してもらうため送った手紙の中に、この聖句が記されています。多くの困難を乗り越えてきたパウロの手紙だけに、絶大な効果があったことでしょう。

この聖句で救われたと語る人も少なくありませんが、前出のユダヤ教ラビのクシュナーは、こんなことを書いています。

「私は耐えられない悲しみに押しつぶされてしまった人を見てきました。子供が死んだあとで両親が、その子が死んだのはそれぞれの相手の不注意、相手の遺伝的疾患のせいだと責めあったために、あるいはただただ思い出がつらすぎるために、離婚するケースを見てきました」

「もし神が私たちをテストしているなら、私たちの多くは落第しているということぐらい、もう気づいていてもいいはずです」

この懐疑的で重い言葉を思い出したのは、あるメディカル・カフェでの出来事がきっかけです。もともと私は、さまざまな人と会う機会が多い日々を送ってきましたし、今も送っています。そしてたとえ一期一会《いちごいちえ》の場合でも、目の前にいる人とは友人として接することが、ひとつの責任だとも思っています。

メディカル・カフェの参加者は励まし合わない

その出来事とはカフェに参加したある人が、「がんということを告白して以来、いろいろと言われて嫌になりました」と、少し涙ぐみながら語ったことです。まわりの方々とすればおそらく同情と憐れみのゆえだったのでしょうが、ご当人にとってそれらの言葉は矢のように胸に突き刺さりました。重い病に苦しむ人には、誰も首を横に振らないような正論は禁物なのです。

メディカル・カフェでは、どのような発言をすることも自由です。参加者はがん患者さんを中心に、さまざまな難病に冒された方、最近では認知症のご家族の介護に明け暮れる方なども増えてきました。しかし参加者同士が、「がんばろうね」と励まし合っている姿はあまりお目にかかりません。参加者は病気のことや将来のこと、家族関係の悩みを語り、まわりの人たちはそれを傾聴しながら、今度は自分のことを口にする。このような言葉のやりとりが、どうやら癒やしになるようです。みんな同じように苦しんでいることを知って、「自分だけではないのだ」と安堵するのかもしれません。

出版関連の仕事をしている外部の女性スタッフが、思いもしなかった父の自死に苦しみ、事情を説明して許可をもらい、一週間ほど休んだ時のことです。数日後、担当編集者からメールが入りました。短いお悔やみの言葉のあと、これまで彼女が手がけた仕事が素晴らしかったと具体的な例を挙げて繰り返し書いてあったそうです。「がんばれ」も「早く戻って来いよ」もありません。彼女はそのメールに、「思わず涙ぐみました」と語ります。

もともと二人の間には、格別な信頼関係があったのでしょう。第三者がそのメールを見たら、「なんと配慮がない内容だ」と思うかもしれません。しかし彼女には、「がんばれよ」より、はるかに大きな励ましになりました。

自分の運命は選べないが、人生は選び取ることができる

▼正論に寄りかかった言葉には、思わぬ毒がある

新約聖書の「ローマ人への手紙」五章七節に、こうあります。

「正しい人のためであっても、死ぬ人はほとんどいません。善良な人のためなら、進んで死ぬ人がいるかもしれません」

これは正論や正義に対する戒めの言葉です。人が口にする正論は唯一のものではなく、違った見方や考え方もありますので、言われたとしてもそれに一喜一憂することはありません。そのような正論に正論がいくら積み重ねられても、言葉数が増えるだけで本筋に変わりはないからです。あまりに自分にそぐわないものであれば、「気にするな、放っとけ」でいいのです。

クリスチャンが犯しがちな失敗は、どんなにつらい病気や大怪我、悲惨な出来事でもその当事者に、「神様のご計画ですよ。これを乗り切ったら一段高いところに行けます」と、善意にあふれた正論を口にする傾向があることです。ただしこれは、クリスチャンに限った話ではありません。「この苦労は必ず報われるよ」という類いの励ましの言葉は、実によく耳にします。しかし相手が今、その言葉を本当に求めているのかどうかをじっくりと考えてから口にしないと、思わぬ毒を放つことがあります。自分の言いたいことや励ましたい言葉は傍に置いて、空っぽの器になる心構えで向き合ってください。たとえ相手が間違っていたと思ってもすぐに反論せず、相手の思いや言葉を受け止めることです。

空っぽの器とは、どんな状態を指すのでしょうか。よく、「全身の力を抜け」とか言いますが、本当に全部抜いたら倒れてしまいます。抜いても人を支える筋肉だけは残しますが、心をそのような状態に持っていくことです。一〇〇パーセント人に譲れない「筋肉」だけを残し、他の雑多としたもの、自分中心の考え方を捨てて人と向き合うことです。脇を甘くして、人が付け入る隙を与える気持ちも忘れないでください。

ヨブは三人の友人の正論に辟易《へきえき》し、「そういうことではない」と反論を加えたのでした。前に「正論より配慮」と申し上げましたが、「正論より思いやり」と言ったほうがいいかもしれません。

正論ではなく、一緒に泣いてくれる人が救いとなる

別のメディカル・カフェの個人面談では、「クリスチャン同士なのに、妻の私ががんになってからは夫としっくりいかないというか、心が慰められないのです。どうしたらいいでしょうか」と相談されたこともあります。このような相談は多くありますが、その女性は病気のこと、家事や育児などの心配事が器にあふれ、今にも堰《せき》を切って決壊しそうな気配でした。こんな時こそ、冷たい家族より「あたたかい他人」の出番です。

メディカル・カフェに集う人々は、まさに「あたたかい他人」の資格を持った方ばかりです。そこで私は、「皆さんの前で、思っていることを吐き出したらいかがですか」とアドバイスしました。彼女はそれを実行し途中で堪え切れずに半泣きのような状態になりましたが、話し終えたあとは何だか吹っ切れたようになり、微《かす》かに笑顔さえ浮かべていました。そして、「黙って聞いてくれ、一緒に泣いてくれる人がいるなんて信じられませんでした」と語ります。

がんに限らず死と向き合うような病気に見舞われた時、家族もその渦の中に巻き込まれるのは仕方のないことで、家族は誰よりも心配もしてくれる頼りがいのある存在です。しかし身近にいるだけに、患者さんの苦痛やわがままとダイレクトに向き合うことになります。どんなに合理的な生き方をしてきた人でも病気になり、自分の死を考えさせられるようになると、「太古に戻る」のです。つまり何の飾りもなくなった人に向き合うためには、こちらも生まれたばかりの裸にならなくてはいけません。しかしこれは、普通の生活を続けている人には相当に難儀なことです。

最近は在宅医療（介護）ということをよく耳にしますが、たとえ家族愛があってもつらいと思うことは多く、時には家族と距離を置くことも必要です。家族は医療のプロではないので、介護や看護はそう簡単なことではありません。もし手に余るようなことがあれば、遠慮なく専門の施設や病院に助けを求めましょう。ぜひ、人に甘える勇気を持ってください。

突然がんと宣告されて、家族に謝ることは必要か

働き盛りの四十代男性が、肺がんと診断されました。彼はこれまで時々息苦しさを覚えるようなことはありましたが、非喫煙者であり、その診断結果に納得がいきませんでした。しかし病理検査や遺伝子検査の結果、肺がんの九割を占める非小細胞がんでステージ４と診断されたのです。あくまでも平均値ですが、ステージ４の五年生存率は十パーセントを切ります。男性が絶望的な

気持ちに追い込まれたのも、もっともな話です。

肺がんは、日本人で死亡数が一番多いことで知られています。二〇一九年に新たに肺がんと診断されたのは約十二万七千人。亡くなった人の数（二〇二〇年）は男性が約五万三千人で最も多く、女性は約二万二千人で大腸がんに次ぐ二位。肺がんの原因として喫煙があげられますが、それは全部ではありません。非喫煙者の若い女性が肺がんになることもあり、本当の理由はじつはまだ解明されていないのです。

「家のローンもかなり残っているし、子どもたちもまだ小さい。私が亡くなったあとの家族のことが不憫《ふびん》で心配で、妻に思わず『ごめんな』と頭を下げました」

個人面談でのお話です。ところが妻はひどく驚いたあとに、「謝らないで！　生存率なんかに惑わされることはないよ。新しい治療法だって、明日発表されるかもしれないし。私は決してあきらめないから、あなたもあきらめないでほしい」と、気丈に言ってくれたそうです。

ヨブ記のヨブの妻は苦しむ夫を思わず突き放しますが、彼の妻は手を差し伸べてくれました。このような女性と結婚できたのは、彼にとって大きな恵みでした。必要なのは謝ることではなく、心からの感謝です。それに知り合いのある放射線専門医は、「ステージ４の肺がんでもあきらめないでください。放射線治療は格段の進歩を遂げていますから」と言ってもいますから。病理医として言えば余命は確率であり、確実なものではないことも付け加えておきます。

聖書では、登場する不幸な人の過去を問わない

彼は言葉を続けました。

「自分で言うのも何なのですが、私は真面目に生きてきました。家族優先の生活を守り抜き、困っている人のためにユニセフなどへの募金を欠かしたこともありません。そんな私が恐らく五年以内に死ぬ。これって、何か不公平だなと思わずにはいられないのです」

彼はクリスチャンではないのでヨブのように神に恨み言を吐けず、不満や苦しみが内へ内へと潜《もぐ》り込んでしまっているのでしょう。私はちょうどそれを吐き出す、格好の「器」になったようです。

彼は明らかに、因果応報の考えにとらわれています。そこで私は、「聖書にはたくさんの病人や貧しい人、親を亡くした子ども、不幸な女性たちが登場しますが、その人たちの過去に触れることは全くなく、擁護する神の言葉だけが書かれています。なぜでしょうか。神は聖書を通じて、こう言っているのだと思います。『自分の運命は選べないが、人生は選び取ることができる』と。大切なのはこれからです。あなたは、この上もない素晴らしい女性が近くにいることを忘れないでください」という言葉を贈りました。そして、「なぜがんになったかをいくら問いかけても、解決にはなりません。がんになった苦しみを解消するよう、考えを改めてはいかがですか」と付け加えました。

川で溺れて流されている子どもを見かけた時、「親の責任だろう」「子どもの不注意。自業自得さ」などと原因を考えず、何とか助けようとするでしょう。いずれにしても、このような人を助ける行為こそ、神の意志なのです。

五年生存率十六パーセントでも、残された時間で「宿題」をこなす

がん終末期の友人男性（訪問看護師）の言動に真摯《しんし》に耳を傾け、さらにはご自身の母親の難病を見つめるノンフィクション『エンド・オブ・ライフ』（集英社インターナショナル、二〇二〇年）の著者・佐々涼子《りょうこ》さん。どうして、このようにあたたかい目で終末期の患者さんを見つめることができるのか。佐々さんは友人男性だけではなく、スタッフに同行した訪問看護の現場で多くの患者さんと静かに向き合いながら、「生きる意味とは何か」を問いかけます。患者さんだけでなく、医師や看護師、ケアスタッフの現状や思いにも心を配る佐々さんの視線に、私は深い共感を覚えます。

その佐々さんが二〇二二年末のツィッターで、「残念ながら私の病気は悪性の脳腫瘍。待ち時間は延長線〔原文ママ〕に入りました。でも、何ひとつ憂いはなくて、最初に泣いたのはうなぎパイ、次に泣いたのはマルセイのバターサンド。何ひとつ揺れていないのは大きな収穫でした」とご自分の病気を公表しました。

まれな型の脳腫瘍ということで、今は毎日のように横浜市の自宅から「築地」の病院に電車で

通っています。発症以前の佐々さんは入国管理局に人権を侵されている外国人の実態を描いた『ボーダー——移民と難民』（集英社インターナショナル）を刊行して、話題になりました。理想的なお考えをお持ちのようですが、目の前の「不正義」からも目を背けない「正義の人」です。

一方で、その日で退職する電車の車掌さんのプライベートなアナウンスに心を動かし、ラーメンを始めとする美味しいものも大好きという軽やかさも持ち合わせています。自分のいのちと他人のいのちをしっかり見つめる人は、隣人のふとした人間的な仕草にも心を動かされるのでしょう。

佐々さんは朝日新聞のインタビュー（二〇二三年二月一日）に答えて、こんなことを言っています。「残された時間は短いかもしれないが、五年生存率が一六％もあるとも考えられる。深刻な顔で暗く過ごすより、楽しく生きて」いくと。

これからの人生を「宿題」でもあるとも言います。与えられた運命に愚痴をこぼさず、これからの人生で、「与えられた宿題」を解き明かそうとする静かな決意表明は、同じようにいのちを見つめる病の渦中にある人にとっては大きな励みになります。

あなたが責任を感じることは、何ひとつない

「一日一生」、「毎日が命日」という覚悟を持てるか

前者は内村鑑三、後者は三浦綾子さんの言葉です。いずれも毎日を大切に生き、明日は新しい人生が始まるという意味では響き合う言葉だと思います。今日を喜ぶ人は明日も喜び、今日を嘆く人は明日も嘆きます。だからこそ、今日一日を大切に生きるかどうかが問われるのです。聖書にも、「ですから、明日のことまで心配しなくてよいのです。明日のことは明日が心配します。苦労はその日その日に十分あります」（マタイの福音書六章三四節）というイエスの言葉が紹介されています。

がんと宣告された人の反応はさまざまですが、反応にはその人の素直な「今」が現れます。本当の自分に気がつく機会とも言えます。家族を愛する人は、「自分がいなくなったら、生活は大丈夫か」「娘がどんな女性に育つか見ることができないのが残念」と思い、人生がむしゃらに生きてきた人は、「すべてが無に帰してしまうのか。虚しいなあ」「自分の人生は何だったのか」と悔しくなり、テレビのワイドショーを観るように明日がくるのが当たり前と思っていた人は、「なぜ自分が!?」と、その不公平を嘆きます。

どの対応も、人間として問題があるわけではありません。私は「死ぬ前の五年間をしっかり生きる」ことをよくお伝えしていますが、人間は自分の生も死もコントロールすることはできません。とすれば、一日を一生と考え、毎日が命日という覚悟を持って、かけがえのない日々を過ごすのが賢明というものでしょう。不幸を知らないで育った人は、いつまでも大人になれない。不幸を経験した人にしか、本当の幸福はわからないものです。

がんになることは苦難かもしれませんが、その苦難に怒っても、人生には怒らないようにする。私たちは一人ひとりがかけがえのない存在です。アダムとエバ以降、この世に生まれた人の数はどれほどあるでしょう。数えると頭が痛くなりそうなのでやめますが、一人として自分と同じ人はいない。これは考えてみると大変なことです。かけがえのない存在とは、これを指しているのです。

自由な意思による選択は、前に進むことだけではない

人は善い選択も、悪い選択も自由に下すことができます。神はそのように人間を創りました。初めから善人ばかりでは本当の善を見失うでしょうし、悪人ばかりでは善が滅びてしまいます。両者がせめぎ合う中で、本当の善が実現されることを神は望んでいるのかもしれません。私にはヨブの苦難と三人の友人の論戦には、そのような神の意図が隠されているのではないかと思えてならないのです。

がんになっても前に進もうという気持ちは尊いものですが、その場に少しとどまる時間も必要です。特に、「自分の人生は何だったのか」「虚しい」と思った人は決してあわてることなく、なぜそのように思うのかを考えてみましょう。

前に進むには、目前にある二つの道のどちらかを選ぶ必要に迫られることがあります。そんな決断に迫られた時は、自分にとって損すると思われるほうを選ぶことをおすすめします。その道はたとえ失敗しても失望するだけで、希望は失いません。得すると思う道を行くと、ちょっとした挫折が絶望を生みます。

結婚を前に希少がんが発見されたある女性は、婚約者の男性に「婚約破棄してもいいよ」と伝えました。「一緒にがんばってほしい」とは言えなかったのです。これは女性の自由意思ですが、なかなか苦しい選択です。それに対し男性は数日後、「きみを気の毒と思うからではなく、やはり結婚したい。両親も賛成してくれたし、一緒に暮らし、子どもも作ろうよ」と、結婚の意思を伝えました。それは荊《いばら》の道になるかもしれませんが、言葉には希望があふれています。女性と男性の関係が逆になるようなケースもあるでしょうが、こんな荊の道には虚しさと無縁の希望があることに変わりはありません。

がん治療の途中でも、ご本人やご家族が厳しい選択を迫られることがあります。特にどのような最期を迎えるかは、人間の尊厳に関わる問題です。このような時、どのように生きてきたかが問われます。ホスピス医療の先駆者である柏木《かしわぎ》哲夫《てつお》先生（淀川キリスト教病院名誉ホスピス長）は、

「人は生きてきたように死んでいく」という名言で知られていますが、二千五百名以上の看取りの重い体験から生まれた言葉だけに、しっかりと味わいたいと思います。

柏木先生は、「健康長寿ネット」（二〇二一年四月二日）の中で、「死んでも死に切れない」という男性（四十七歳）と、「もう、あきらめています」という男性（五十歳）の最期を記しています。

柏木先生は後者の男性について「庶民の死」と表現します。「庶民とは、今まで、『小さな死』という体験をうまく乗り越えてきた人たちである。行きたい学校に行けず、つきたい仕事につけなかった人々である。そのため、本当に大変な『自分の死』を迎えるときになっても『喪失体験をうまく乗り越える』練習が積まれているので比較的上手に亡くなることができるのである」

柏木先生は「もう、あきらめています」という男性に、ある種の「さわやかさ」を感じたと共感を寄せています。喪失体験を「苦難」と言ってもいいかもしれません。がんの患者さんは気持ちのうえで、何回か小さな死を体験するものです。その体験を活かすことが生き方につながります。

激しい痛みは人格を変える場合もある

末期のがん患者さんを悩ませるのが、「痛み」です。

ヨブは全財産と十人の子どもたちを奪われたあと、全身の皮膚の腫瘍に見舞われ、その痛みにのたうち回ります。その痛みは、「土器のかけらを取り、それでからだを引っかいた」（ヨブ記二章八節）とありますから、よほどのことだったのでしょう、痛みを痛みでやわらげようとするわけですから。ヨブは、全身の痛みに悲鳴をあげたのです。ヨブの神への恨み言は、この激痛が招いたようにも見えます。激しい痛みのストレスが人を変えるほど恐ろしい力を持っているのは、現在も変わりません。

私たちは、痛みに弱い存在です。虫歯ひとつで、心の平安が掻き乱されてしまいますが、末期のがん患者さんの痛みはケタ違いです。痛みにうめく患者さんの壮絶な姿を見て、病室に入ることをためらう医師や看護師さえいます。もちろん現代の医学では痛みをコントロールする技術も進歩しましたが、極めて不十分です。その大きな理由のひとつが、「痛みの医学」を専門に教える大学が少ないことがあげられます。

健気《けなげ》なほど痛みに耐える患者さんもいます。耐えることで、「何かいいことが起きる」という期待を持つのかもしれません。「こんなに我慢しているのだから、ご褒美がもらえるはずだ」と。しかし痛みは一向に軽くならない。むしろ激しくなってくると、今度は失望し、絶望することになり、「こうなったのも自分の責任だ」と思ったり、力を貸してくれない神や仏に恨みを抱いたりするようになる。まるでヨブそのものの状態に追い込まれるのです。

がんに限らず、全身の激痛のため介助なしではわずかの動きもできない患者さんもいます。家族に笑顔を見せようとする気持ちさえ失せる痛みに、言葉の処方箋だけでは太刀打ちできません。せいぜい、「痛みを的確にコントロールできる医師を、必死に探しましょう」とアドバイスすることくらいです。ただし、ご自分の過去の振る舞いの罰としてこの痛みがあると考えている人には、「あなたが責任を感じることは何ひとつありませんよ。がんは偶然の賜物《たまもの》にすぎないのですから」という言葉を処方して差し上げます。時には、「あなたに責任を取るほどの力はありません」と少しきつい言葉を贈ることもあります。

なぜ、がんになったのか。なぜ、痛みに襲われなければならないのか。理不尽と言えば、これ以上の理不尽はないかもしれません。しかし、そこから立ち上がる人も少なくないことをお伝えするようにしています。

雨が降ったら傘をさすか、コートを羽織るか

私たちは、運命と取引することはできません。最近、「親ガチャ」という言葉を聞くことがあります。何のことかと思ったら、「生まれ育つ環境を子どもが選べない不公平」という意味とか。たしかに、子どもは親を選べません。親の経済力によって将来が決まるような社会は健全ではありませんが、だからと言ってその不満を何万回唱えても、どうにもならないことです。私は島根県出雲市大社町《たいしゃちょう》鵜峠《うど》の医師もいない小さな村に育ちましたが、それに不満も疑問も抱いたことはありません。

自分の力でどうにもならないことは、この世に数限りなくあります。天気ひとつとっても自由にならない。できるのは雨が降った時、外出するのに傘をさすか、コートを羽織るか、それとも

外出をあきらめるかを選ぶことくらいです。雨を運命とすれば、その選択こそ、その後の人生を導くことになるわけです。

神はヨブに、「おまえにはこんなことができるか」と、宇宙の仕組みから大自然の造形までを列記しました。たしかに、太陽と地球の間の距離は微妙なバランスだそうです。近すぎると地球は燃え尽くされ、遠すぎると凍りついてしまうとか。この距離をかたどることは、人間業では不可能です。人間は、小鳥一匹どころか雑草の一本も創造する力を持っていません。ヨブはその無力に気づいたことで救われました。

病気も同じです。どんなに予防しても、がんになる人はなります。がんは裕福な人と、そうでない人の区別はしません。病気になること自体は誰も止めることができず、自分の力が及ばない領域なのです。責任を感じる必要は全くありません。多くのがん患者さんが、「がんになったことを、あれこれと言っても始まらない」と、そこから人生を切り開き、希望を見出していることも事実です。苦難の中から生まれた希望はその患者さんだけのものではなく、まわりをつなげる大きな力を持っているようです。

赤ちゃんに、運命の責任を負わせるわけにはいかない

生まれたばかりの赤ちゃんは、「親ガチャだ」と叫ぶことも、自分の力で人生を切り開くこともできません。泣きながら生まれてきた赤ちゃんが、多くの笑顔で迎えられるのが望ましいとは

いえ、さまざまな事情から親が手放さなければならないこともあります。そんな赤ちゃんを救おうとしたのが、二〇〇七年五月、慈恵病院（熊本県熊本市）が創設した「こうのとりのゆりかご」で、子どもを育てられない親が人に知られず、病院に子どもを託す仕組みです。

私は陰ながら共感の拍手を贈りましたが、一部の政治家や世論は「そんな仕組みは無責任な親を増やすだけだ」と、現実離れした批判を加えたことを覚えています。世間の正論には、現実を遠くからしか見ない冷たさがあります。正論では赤ちゃんのいのちを救えないことに想像力が働かないことが、ちょっと残念です。ただ、赤ちゃんを置いていった母親の立場を見つめるなどの心配りは必要かと思います。

批判を浴びるのは、創設者の蓮田太二《はすだたいじ》院長（一九三六〜二〇二〇年）も看護師などスタッフも予想していたことでしょう。しかし、「赤ちゃんの遺棄や殺人をどうしても防ぎたい」という強い意志を貫きました。

開設以来、預けられた赤ちゃんは百七十人（二〇二三年五月三十日現在）。いずれも匿名ですが、赤ちゃんと一緒に買ったばかりのベビー服が添えられる場合もあるとか。そこには母の愛がこもっています。赤ちゃんが成長して物心がついた時、預けた母にどんな思いを抱くのでしょうか。

慈恵病院では二〇一九年から、「内密出産」という形も導入しました。予期せぬ妊娠に悩む女性が、限られたスタッフだけに名前を明かして出産するという試みで、そこには女性と赤ちゃんの安全を最大限守ろうという気概にあふれています。二〇二三年三月末現在、九人が内密出産を行ったそうです。

このような赤ちゃんに、運命の責任を負わせることができるでしょうか。できるわけがありません。慈恵病院はカトリック系の医療法人ですが、神からの預かりものである赤ちゃんを守ろうとする努力には頭が下がります。素晴らしい「偉大なるお節介」です。

病気になっても病人にならない生き方に、希望が宿る

病院のスタッフに多くのものを遺した女性

ある男性から聞いたお話です。大腸がんで亡くなった八十代の母親の通夜の席のこと。最近は家族葬も多くなりましたが息子さんは、「参列する人が少なくてもいい。母は親族はもちろん、友人、知人の通夜や葬儀には当たり前のように出かけて行っただけに、きちんとした式で見送ってあげたいと思った」と語ります。

通夜式には、息子さんの予想に反して百人以上の人が参列しました。息子さんは母の交友関係をほとんど知らないだけに、その数の多さにびっくりします。

「父が亡くなったあと、私たち家族と同居することを提案したのですが、自分が住み続けた家

に一人で暮らすと言い張りましてね。手術などで病院暮らしも長かったので、これほど多くの方が見送りに来ていただけるなんて、本当にびっくりしました」

これにには理由がありました。女性は長らく地域のボランティア活動に取り組んでいたので、その関係から駆けつけてくれた人が多かったようです。しかし長く入院し、最期を看取ってくれた病院から何人かの看護師と介護スタッフがお線香を上げにきてくれたことには、「お忙しい時間を縫って来ていただけるなんて、考えもしなかったことです」。

息子さんはお清めの席で病院スタッフのテーブルに行き、「本当にありがとうございます」と頭を下げ、「母はどんな患者だったのでしょうか」と尋ねたそうです。すると一人の若い看護師の女性が答えてくれました。

「明るくて、私たちに『病院で最期を迎えたい。積極的な延命治療は希望しない。意識がなくなるまでオムツはしないで』と、意思をはっきりと伝えてくれる、本当に礼儀正しい女性でした。彼女から人の悪口を聞いたことは一度もありません。ともかく人を信じるという姿勢で、私たちや同室の患者さんとつながっていました。彼女は医師だけでなく看護師の名前もすっかり覚えていて、お互いに名前でやりとりするのです。若い看護師の相談に乗ってくれたことも度々あります。こんな患者さんは滅多《めった》にいません」

話を聞きながら、息子さんは涙が止まらなくなりました。母が最期まで毅然《きぜん》として、自分の意思を貫いたことに、これまでの人生で初めてと思えるほどの感動を覚えたそうです。

その母親は、「病気になっても病人にはならない」生き方で、息子さんだけでなく病院のスタッフ、友人知人と接しました。「死ぬという大仕事」を全うした女性でした。そのような最期を迎えた人を、私は何人も知っています。

難病に立ち向かった少年と、その素晴らしい隣人たち

両親の豊かな愛に包まれて三歳からバイオリンを学び、勉強もゲームも大好きな少年だった福本峻平《しゅんぺい》さん。中学はミッションスクールの聖学院に入学、吹奏楽部のクラブ活動に熱心に取り組み、教会に行くようにもなる。未来がキラキラと輝いているような毎日だったのですが、十五歳で脳からの神経伝達ができなくなる病気を発症するのです。病名が不明のまま体はどんどん不自由になっていきますが、峻平さんは病に冒されたあとすぐに洗礼を受け、クリスチャンになります。病気が進行する中でも、自分のできることを見つけ、隣人と接することも忘れない少年でした。

難病を患いながらクリスチャンとして生きた福本峻平さんの三十三年の人生が、『なぜ君は笑顔でいられたの？』（「福本峻平の本」制作委員会、いのちのことば社、二〇二二年）にまとめられました。

本のタイトルのように、峻平さんは病に冒されてからも笑顔を忘れません。いつも視線を注ぐご両親や叔母、所属教会の牧師や教会員、そして推薦入学した青山学院大学の教授、「青山キリ

スト教学生会」（ACF）の仲間たち、病院の主治医や看護師、介護士、ヘルパー、理学療法士などが皆、峻平さんの笑顔の虜《とりこ》になってしまうのです。誰も峻平さんを憐れんだりするわけではなく、一人の人間として友人として接する描写が各所にあります。峻平さんもそれぞれの人への、細やかな心配りを忘れませんでした。

私が理想とする患者さんとまわりの人たちの関係が、ここでは自然に実現しているのです。峻平さんが乗る車椅子を押す役を志願して果たす友人や知人。車椅子は単に移動するだけの機器ではなく、人々の心をつなげる役割も果たしたようです。

のちに病名が「先天性大脳白質形成不全症」と判明しますが、症状はさらに悪化。誤嚥《ごえん》性《せい》肺炎を併発するようになり、延命措置として気管食道分離手術を受け、声を失います。ここまでくると生きることへの力が失われても仕方ないところですが、峻平さんは全く違いました。教会の仕事、神学校の通信講座に取り組み、「障がい者と教会委員会」の委員として熊本県や石川県に出向くことも。声を失っても、笑顔は失いませんでした。峻平さんと最も近くで接し、送迎や吸痰《きゅうたん》など惜しみない愛を注いだ母親の綾子さんは言います。「峻平を見ていると、いつも穏やかでした。平常心と言いますか、何でそんな風にいられるのかと、自分の息子ながら何で全てを受け入れられるのか不思議で仕方なかったのです。（中略）愚痴をこぼすこともなく、誰かのせいにして当たり散らすわけでもなく……。私ならできません。自分とは違うと思いました。なぜ違うのか、それは峻平が聖書を読んで、神様を知っているからだと思うようになったんです」

綾子さんは当時クリスチャンではありませんでしたが、その後洗礼を受けてクリスチャンになります。その洗礼式で峻平さんは、滅多に見せない涙を流しました。

峻平さんは綾子さんに語ったそうです。

「こんな自分を神様は愛してくださっている。こんな体の自分を活かしてくださっている」

峻平さんはやれることをやり尽くし、三十三年のこの世の働きを終えます。しかしその生き方は、今も多くの人に影響を与えているようです。

「神はなぜ、このような試練を与えるのか」

東日本大震災から十二年を超える時間が過ぎました。今もボランティアに駆けつける牧師が、現場でがんの妻を支える被災者の姿を見て思わず口走ったのが右の言葉です。それは祈りに近かったものかもしれません。彼はその答えをまだ手にしていませんが、神が人々を通じて慰めを与えてくれていることは確信したそうです。それまでは「私」だったのが、今では「私たち」として活動を続けています。

自分では「希望のない状況」に追い込まれても、「私たちは人生に期待を抱くのではなく、人生から何を期待されているのか」と、考えましょう。

がんを発症すると、その後の生活ががん一色になってしまう人がいます。仕方のないことですが、がんも病気も人生の全部ではないことを知ってほしいのです。病気と闘うという気持ち以上に、普段の生活を続けるためにどうするか、社会の役に立つにはどうすればいいかを優先してみませんか。そのようにして、がんとともに生きていくがん患者さんがたくさんいます。

家族のこと、仕事のこと、何よりも自分の人生はこれでいいのかなど、悩みの種は尽きません。しかし、悩み事があってもそれをつねに考えることはやめ、長くても一日三十分くらいにしておきましょう。その時間は徹底的に悩む。これは私も実践していることですが、精神衛生的にずいぶんと効果があります。加えて自分の力でどうにもならないことは無視を決め込む。過去の出来事はやり直しがきかないし、お天気も自由にコントロールできません。このようなことは考えない、時間の無駄ですから。

自分の力で、何かを変えられるかもしれないと思ったら傍観者にならず、力を尽くしましょう。このようなメリハリのある生き方を、私も心がけています。

私たちの人生で、全身が火だるまになったような時でも神はどこかから姿を現し、救いの手を差し伸べてくれます。運、不運はつきまといますが、遭難しかけた私たちに神という救助の船が現れることを信じて生きていくしかないようです。

前記の牧師のように、「神はなぜ、このような試練を与えるのか?」の答えは簡単には見つかりません。しかし、自分の役割を見つけて果たすという「人生に期待するのではなく、人生から期待される生き方」を実践していくと、その答えに少し近づけるような気がします。

第二章

家族は天からの預かりもの

すると、妻が彼に言った。「あなたは、これでもなお、自分の誠実さを堅く保とうとしているのですか。神を呪って死になさい」

（ヨブ記二章九節）

言葉はきつくても、妻はヨブを支えていたのではないか？

全財産と息子七人、娘三人の子どもを失い、さらに全身の痛みを伴う腫れ物に襲われてのたうちまわる夫に、妻が放った言葉です。それにヨブは答えます。「私たちは幸いを神から受けるのだから、わざわいも受けるべきではないか」（ヨブ記二章一〇節）

見事な切り返しで、ヨブの信仰の強さを示す有名な語句です。ヨブは妻を、「どこかの愚かな女が言うようなことを言っている」と非難しますが、内村鑑三は講演録の中で、「財産と子どもを失うという過酷な運命に襲われながら、それでもなお夫と信仰を共にしてきたが、夫が重い病に悶え苦しむ姿を見て、ついに信仰を捨てる覚悟を決めた。深い同情に値する女性だ」（要約）と妻の立場を擁護します。

私もヨブの妻を愚かとは思いません。考えてもみてください。聖書にはありませんが、ヨブ家は非常に裕福な生活からどん底の極貧生活に陥ったはずです。それでも妻は必死の思いで、夫を支えてきました。食べ物を得るため、屈辱的な体験もしたに違いありません。夫の病には為《な》す術《すべ》もなく、それでも介抱を続けてきたのです。深い苦しみと悲しみ、そして無力感の中で、「神を呪って死になさい」と、おそらく涙ながらにヨブに詰め寄ったのではないでしょうか。そんな妻の姿を、安易に批判することはできません。

夫の苦しみは妻の苦しみになる。その逆のケースもありますが、これは現代でも同じです。

家族の姿はさまざまであり、正解はいくつもある

一人が病気になると、家族全員が「病気」になってしまう

家族とは不思議な共同体です。夫も妻も子どももそれぞれ独立した人格なのに、半強制的に一緒に住むことが求められます。私など、テレビコマーシャルなどで絵に描いたような幸せな家族を見せられると、少し気恥ずかしい気分になったりします。

介護保険制度がスタートしたのは、そろそろ高齢社会が始まりつつあった二〇〇〇年のことです。スタート以前、制度を紹介するガイドブックを作った編集者から、こんな話を聞いたことがあります。

「要介護の基準項目にはあれっというものが含まれていましたが、それ以上に違和感を覚えたのは、制度の基礎にあるのが夫婦二人、子ども二人という標準家庭だったことです。二人の子どももやその伴侶が、介護の必要になった親の面倒をみる、足りないところは介護保険で補うというものでした。それを指摘したところ、インタビューした若い官僚は『何言っているの』という顔をしていましたよ。彼らには現在のような核家族化、自由意思として結婚をしない、子どもも産まない、同性婚こそ唯一の道と考える人が増えることを想像していなかったのではないでしょう

か」

介護保険は現状に合わせて少しは改善されてきたようですが、最近では中高生などヤングケアラーの問題が浮上してきたことでも明らかのように、まだまだ不十分と言わなければなりません。中高生、あるいは若年の子どもたちが通学など普段の生活を犠牲にして、思い悩みながら介護や看護に取り組んでいる姿には胸が痛くなります。

「一人が病気になると、家族全員が病気になる」と、よく言われます。家族の病気には、ヨブの妻のように精神的な痛苦も含んでいいでしょう。

同居する夫の父親が認知症になり、その介護を長く続けてきた妻が精神的に追い込まれ、夫にこう訴えました。

「もう耐えられません。わがままの言いたい放題だし、時には口汚く私や子どもたちを罵《ののし》ったりする。あっという間に家を飛び出して走り出した時には、追いかけるのが大変だったのよ」

彼女は妻であり母であり、そしてクリスチャンでした。

「一度だけ、ほんの一瞬だけど、死んでくれたら楽になるなと思ったことがあるの」

夫はその言葉を聞いて目を丸くしてびっくりしましたが、仕事にかまけ父の介護を妻に任せきりにした負い目もあったのか、「そんなことを思わせて、ごめんな」と謝ったものの大きな問題とは思わなかったようです。しかし彼女は、そんなことを一瞬でも思った自分を深く恥じていました。

▼相手に「怒る」ことは、相手を「殺す」ことに等しい

クリスチャンにとって、「殺すな」は破ってはならない戒めですが、なぜそんな当たり前のことが「モーセの十戒」の第六戒に、わざわざ記されているのでしょうか。イエス・キリストはどんな理由があれ、「怒り」は相手を「殺すことだ」と戒めています。たしかに、彼女が一瞬でも「死んでほしい」と願ったのは、義父への怒りの延長線上にあります。「殺すな」という戒めは相手に怒るなということで、そうなると非常に難しいことになります。どんなに苦しくて悲しくても、誰かを憎まない、誰かのせいにしないことは至難の業《わざ》です。

ヨブの妻がヨブに向けて放った言葉も、怒りに満ちあふれています。ヨブの妻だけではありません。私たちも毎日の生活の中で怒りや憎しみを覚える時、私たちは相手を「殺して」いるのです。どうすればいいのでしょうか。

私は彼女に言いました。

「同情とか憐れみでお父様を介護していると、心の負担が大きくなりますよ。認知症の人ではなく、一人の人間として接するようにしたらいかがでしょう」

「根本的な解決になるかどうかはわかりませんが、お父様の振る舞いを赦すことはできませんか。赦せばあなたも赦される。そんな感じがします」

彼女は自分の思いが残酷であったことは、重々承知しています。夫に伝えたのは、深い後悔の

現れです。赦しを乞うたのかもしれません。しかし、忍耐に限度があるのも事実です。

「あなたはがんばりました。もう十分です。休憩しましょう。短期間でも、どこか施設か病院に頼ることをご家族で相談してみたらいかがですか」

認知症の症状はさまざまなので、ご家族より施設の専門家を頼るほうがいい場合もあります。親を施設に入れることに罪悪感を持つ人も少なくありませんが、そのほうが親の幸せにつながることもあります。たとえば、下《しも》の世話を身内に任せることを嫌がる人もいます。しかもそれを、上手に伝えられないとさらに苛々《いらいら》が募ります。病院スタッフの「事務的な下のお世話のほうが気楽だ」と言う入院体験者、医療従事者も多いのです。

手術後に、極度の便秘に悩まされた人から聞いた話ですが、「下剤を飲んでも効果がなかった時、最後は担当の看護師さんに浣腸《かんちょう》をお願いしました。でも、家族には頼めなかったかもしれません」と明かしてくれました。羞恥心を遠のけてくれるのは身内ではなく、意外と専門職の他人なのかもしれません。

彼女の義父がなぜ、汚い言葉を突きつけるのか。それは認知症のひとつの振る舞いであるにせよ、何か他に問題がある可能性もあります。それは人間としての尊厳を傷つけていないかどうかという問題です。

英国を発祥とする「ファーストコンタクト・チーム」は、人が何か困った時に最初の相談相手として医師、看護師だけでなく理学療法士、臨床心理士など幅広い分野の専門家が集まり、頼るべき病院や施設を紹介するなどの活動を行っています。日本でも、このような仕組みを作ろうという動きが出てきました。たとえばメディカル・カフェ内に設置するのも、ひとつの方法かもしれません。

妻を亡くしたあと、「がんばって」という言葉がつらかった

「聖書をいつも生活に」（クリスチャン新聞・福音版）二〇二二年三月号に妻を亡くした建築士、木下滋雄さんのインタビュー記事が掲載されました。

結婚して十八年。高校生、中学生、小学生の子どもに恵まれた生活が、突然の荒波に巻き込まれます。妻の直子さんから、「末期の肺がん」であることを知らされたからです。

滋雄さんは強い衝撃を受け、「取り乱した」と正直に告白します。一方の直子さんは「こんなにも信仰が強い人だったのか」と滋雄さんが舌を巻くほど、気丈な態度だったそうです。信仰がどれほどの力をもたらすのか説明する力を私は持ち合わせていませんが、信仰が直子さんを支えたのは確かです。

記事からは、仲の良いご夫婦を中心にお子さんたちが健やかに育ってきた雰囲気が伝わってきます。それだけに直子さんが天に召されたあとの不在は、家族にとって大きな痛手だったに違いありません。

残された滋雄さん、お子さん三人に向けて、間違いなく善意の「がんばって」という励ましが

寄せられましたが、ご家族はがんばるだけがんばってきただけに、「つらい言葉でした」と滋雄さん語ります。その後、滋雄さんはクリスチャンのグリーフケア・グループに参加して支えられるようになりました。そのグループの素晴らしさは、メディカル・カフェとも共通するのですが、「お元気になりました?」ではなく、「おつらいですね」とお声をかけるところです。

似たような言葉かもしれませんが、当事者を思う気持ちに雲泥《うんでい》の差があります。伴侶を喪《うしな》うことは、自分の一部がなくなったような喪失感を覚えるものです。特に妻を亡くした夫は、立ち直るのに時間がかかる傾向があります。著名ながん研究者である垣添忠生《かきぞえただお》先生は四十年連れ添った妻を喪い、「一年間は、うつ状態」で苦しんだそうです(『週刊朝日』二〇二二年六月三日号)。

その意味で滋雄さんは、良いグループと巡り会えました。それが立ち直りのきっかけになったからです。

一人の病気をきっかけに、家族が団結することも多い

家族とはお互いに、「あれをやれ」「こうしてほしい」などと願うものの、普段の生活でそれは叶えられないことがほとんどでしょう。それは不思議なことではなく、人に言われても自分がそう思わないかぎり人は動きませんし、変わることもありません。ヨブも自分の無力に気づいたところから、神に対する態度を一変させました。

家族同士が一途団結するきっかけのひとつになるのが、「誰かの病気」です。自分で血液を作れなくなった幼児（妹）のために小学生の兄は骨髄《こつずい》を、両親は肺をひとつずつ移植したニュースもありました（「朝日新聞」二〇二一年五月二十四日）。いのちをつなぐ素晴らしいチームプレイです。移植までいかなくても、入院した父や母の役割の一部を担うのも、治療法や名医を必死に探すのも、チームプレーのひとつです。

私の知り合いの五十代の男性は、大腸がんで入退院を繰り返す八十歳を超える義母の見舞いに週一回は訪れるのですが、義母は眠っていることがほとんどでした。彼はベッドの脇に座って義母の手を握り、三十分ほど黙ったまま過ごしたあと時間がくると病室を出ていく、ただそれだけのことを繰り返していました。彼の妻から聞いたのですが、「母は、彼が見舞いに来てくれたことを知っていたそうです。母は手をずっと握っていてほしくて、眠ったふりをしたこともあったとか。全くお茶目な母ですよね。もともと実の娘である私が焼きもちを焼くほど、不思議に仲のいい二人だったのですが、そんなお見舞いをしているなんて知らなかっただけにびっくりしました。でも、惚れ直しましたけど」と、笑顔で語ります。

夫には「見てもらいたい」「認めてもらいたい」という気持ちが全くないところに、偽善とは遠い品位を感じます。義母の病気が夫婦の仲を、より一層親密にしたようです。

血がつながっているから、家族というわけではない

第一章で少し紹介した熊本・慈恵病院に設置された当初の「こうのとりのゆりかご」（以下＝ゆりかご）に預けられた幼児が二〇二二年、熊本県立大学に入学。それを機に、「宮津航一」さんは、これまで封印していたテレビや新聞の取材に応じるようになりました。

「今は両親をはじめとした家族、地域の方々に囲まれ幸せです。ゆりかごに設置された扉を開いてくれたことで今があります。扉一枚で人生が変わること、ゆりかごが果たしてくれた役割を話すのが自分の役割だと思ったからです」（要約。二〇二二年五月九日、ＫＡＢ熊本朝日放送「告白、そして僕は～ゆりかごに預けられて～」）

航一さんが生後三か月の時に実の母親が交通事故死、親戚が面倒を見ていたのですが、諸事情からゆりかごに預けられました。その後、お好み焼き店を経営する宮津美光・みどりさん夫妻に里子として迎え入れられます。このご夫妻が何とも素晴らしいキャラクターで、航一さんが家に来て抱きしめた時、「天使がやって来た」と感じ、まさに天からの預かりもののように、航一さんを慈しみ深く育てたのです。この親子のさまざまなシーンを見ましたが、その会話は実の親子よりも心が通っているようで、すべてが自然なのです。

初めて航一さんを抱き上げた看護部長（当時）の田尻由貴子さんは、里子になったあとも連絡を取り合ってきたそうです。院長をはじめとする病院関係者の利他的な奉仕に影響を受けた航一

さんは、高校生になった時に「子ども食堂」を立ち上げました。これには地域の女性たちも参加、今では高校時代の同級生や後輩も手伝ってくれるようになっています。

亡くなった実の母親を思慕《しぼ》する気持ちに変わりはありませんが、高校二年の時に養子縁組をして正式に「宮津航一」となりました。「なんで預けられたのか」と思うことはありますが、それ以上に、「今の家に満足しています」と語ります。母親の不慮の死もゆりかごに預けられたのも、航一さんの力ではどうにもならないことです。しかし幸いなことに宮津ご夫妻や田尻さん、地域の皆さんに囲まれながら、航一さんは人生を切り開いてきました。

大学の入学式用のスーツを着る時、慣れないネクタイの結び方に戸惑っているところに父親が登場、直してあげるシーンがありました。素敵な親子、家族です。

天寿を全うした我が母に、深い敬愛を覚える

私の母は二〇一九年、島根県出雲市大社町鵜峠の自宅で、姉の介護と看取りによって大往生を遂げました。九十六年にわたる人生に終止符を打ったのです。葬儀で喪主を務めた私は、「天寿を全うし、地上の長い旅路を歩み、さまざまな責任を全うし、召された母に深い敬意を払います」と挨拶しました。天寿とはいえ、何歳になっても親との今生《こんじょう》の別れには悲しみがつきまといます。

私の生まれ故郷は無医村でした。幼年期に熱を出すと母に背負われ、峠のトンネルを通って隣

村の診療所まで行った体験は、今でも脳裏に焼き付いています。記憶にはありませんが、母の背中の温《ぬく》もりを感じながら三歳の私は、「将来は医師になる」と思ったのではないかと、勝手に推測しています。

叔父は特攻隊員として戦死しましたが、故障で伊丹《いたみ》飛行場（大阪府）に不時着した際が、面会に行った母と今生の別れとなりました。空を三回旋回して母に挨拶を送り、最期は太平洋の海に散った叔父のことを、私は毎日のように聞かされて育ったのです。

実家の裏庭に降り立った羽が傷ついた鳶《とんび》を、餌を与え懸命な手当てをしていた母の姿は鮮明に覚えています。傷が癒えた鳶は、裏庭の上空を三回旋回して飛び去りました。母への恩返しのつもりだったのでしょう。私はその後医師となり、「がん哲学外来」を立ち上げましたが、人も動物も差別なく愛した母の姿を見たことが原点にあります。もしこの母がいなければ、本書を書くチャンスもなかったことでしょう。まさに母は、「後世への最大遺物」を私に与えてくれました。最大と形容するのは少し面映《おもは》ゆいのですが、私を多くの人たちとつなげてくれた母への尊敬と感謝の念は決して忘れることがありません。

いくつかのご家族のお話や映像と接して、「なるほど、やはりそうなのだ」と納得するところがありました。それはがんや生い立ちなどで苦難を体験した人や、そのまわりで手を差し伸べた人に、例外なく素晴らしい品性を感じることです。序章でも紹介しましたが、「それだけではなく、苦難さえも喜んでいます。それは、苦難が忍耐を生み出し、忍耐が練られた品性を生み出し、練られた品性が希望を生み出すと、私たちは知っているからです」（ローマ人への手紙五章三～四節）という聖句があります。紹介した人たちは望んで苦難を体験したわけではありませんが、その苦難が品性を創り上げることになりました。

病気の家族を、さりげなく深く思いやる

二歳で余命宣告を受けた息子をめぐる家族の物語

朝日放送テレビ（近畿広域圏）の二〇二二年四月二十八日に放映された番組を、チャンスがあって視聴しました。小児がん（びまん性小児脳幹部グリオーマ）のため、二歳で余命十か月と宣告を受けた悠歩さんとご家族の様子を、とても優しい視線で描いています。

宣告されたあと、荒木佑介・侑子さんご夫妻は息子を病院から自宅に移し、症状などをノートに熱心に書き込むようになります。ノート一面にぎっしりと書かれた文字には、どんな些細なことも見逃さないというご両親の愛を感じます。病院から指示された食事療法もきちんと守り続けるのですが、ある夜、息子が起きてきて大好物の「いちごを食べたい」とせがんできたのを機に、ご両親は考え方を改めます。病状に一喜一憂することはやめて、息子に好きなものを食べさせせよ

うと。

限られた時間をどう幸せに過ごすか。妹と遊ぶ悠歩さんも愛おしいし、悠歩さんにじゃれつく妹も愛おしい。

「なんでもないことにも、幸せを感じるようになりました。悠歩の小さな足音さえ幸せな気分にさせてくれるのですから」（荒木佑介さん）

インタビュー中、いかにも優しそうな荒木さんご夫妻が、「生きられる日を、いかに幸せに生きてもらえるか」と強調されていたことが、とても印象的です。悠歩さんは残念ながら六歳で旅立ちますが、「みんな喜怒哀楽があって、みんなで成長してきました。悠歩は今もこれからも私たちの家族です」と佑介さん。

最期の時、「意外と冷静だった」と語る佑介さんでしたが、インタビューの途中で思わず涙します。その涙には万感がこもっていて、思わずもらい泣きしそうになりました。その涙に後押しされるようにご夫妻はその後、大阪と横浜にあるこどもホスピスの支援者になるのです。子どもだけでなく、親のケアもする理念に共感したためです。「子どもが病気であっても自由でいいんだよ、というホスピスの雰囲気が素晴らしいですね」と、佑介さんは語ります。勝手な感想ですが、このご家族は新しい一歩を踏み出したようです。

子どもが深刻な病気に襲われたら、徹底的に寄り添う

荒木さんご夫妻の息子さんへの思いやりには、心底感銘を受けました。体に不自由を持つ赤ちゃんが産まれて夫婦仲が悪くなり、離婚に至るケースもあると聞き及んでいるからです。それに対し荒木さんご夫妻は、一番困っている立場の息子さんに無条件の愛を注ぎ込みました。もし健康ですくすく育つ息子さんであれば、ここまで優先することはなかったかもしれません。

中世の宗教改革を主導したドイツの牧師・神学者マルティン・ルター（一四八三～一五四六年）は、当時ヨーロッパを席巻《せっけん》した黒死病《ペスト》に聖職者として立ち向かいました。ルターはめまい、耳鳴り、頭痛、狭心症、痛風などの持病に悩まされていましたが、国王からの「避難指示」には従わず、ペストに苦しむ人々とともに残りました。「自分より困っている人々がいるのに、彼らを置いて自分だけが去るわけにはいかない」と国王に答えたそうです。この考えが宗教改革を推し進めたとも言えます。

誰を優先するか何を一番に考えるかは、私たちの意思と選択にかかっていますが、ルターのこの考えはとても参考になります。私はお子さんを亡くされたご両親に、何組もお会いしたことがあります。ほとんどの方が誰かを恨むことはなく、「これから、どう生きていくか」を淡々と語っていた姿がとても印象的でした。淡々とした様子の裏に、深い悲しみがあることは承知しています。ではなぜ、このような潔いとも思える振る舞いが可能になるのでしょうか。それは、お子

さんに徹頭徹尾、寄り添ってきた日々があるからです。ある母親がつぶやいた言葉を、今でも鮮明に覚えています。

「悲しさよりも、一緒にいられないことが心の底から寂しい」

悪性リンパ腫でステージ4、余命半年と告げられたある父親は愛娘に、「君のおかげでお父さんの人生は素晴らしいものになった」という言葉を遺しました。残る娘に寄り添うという大仕事をやってのけた人生がここにもあります。

がんは誰にでも平等に襲いかかる病気

ある会合に共に出席する予定だった私の妻が、あいにく風邪を引いて欠席した時のことです。主催者の若い男性から、「お医者さんの奥さまでも風邪をひかれるのですか？」と真顔で聞かれ、「病気に職業は関係ありませんよ」と苦笑しながら答えたことがあります。

日本人の二人に一人が発症すると言われるがんは、ある意味で本当に平等です。ただしこれは、確率論にすぎません。四人家族全員ががんになり、同じく四人家族全員ががんとは無縁の生涯を送る場合もあります。

二〇二三年一月、招かれて社会人ラグビーを観戦したのですが、頑強な体格・体力を持つ選手にも、国を動かす名の知れた政治家や経済人、文化人にも、がんは分け隔てなく襲いかかります。

余談ですが、私の観戦をブログで見た知り合いの編集者から「意外ですね。スポーツはやるのも観るのもお嫌いなのに。選手に向かって『こら、走れ』とか『ぎゃー』とか叫んだのですか。それは面白い。そのお姿見たかったですね」と思い切り揶揄《やゆ》されて口惜しかったのですが、その編集者から聞いた作家の井上ひさしさん（一九三四〜二〇一〇年）のお話を紹介します。

井上さんは五歳の時に父が病死、家族とともに東北各地に移り住むなど苦労されましたが、大人になってからは膨大な資料を読み込んだ人間性あふれる小説や戯曲で、多くのファンを惹きつけました。しかし晩年、肺がんであることが発覚します。その病の渦中にあって井上さんは、「戦争や災害で死ぬのに比べて、病気で死ぬのは幸せなことなんだよ」と周囲に語ったそうです。死と幸せを結びつけるあたりに、カトリック教徒と言われる井上さんの信仰心があるのかもしれません。

この編集者が教えてくれた、井上ひさしさんの実に含蓄《がんちく》の深い言葉があります。私も自戒を込めて思わず手を打ったので紹介しておきましょう。

「むずかしいことをやさしく、やさしいことをふかく、ふかいことをおもしろく、おもしろいことをまじめに、まじめなことをゆかいに、そしてゆかいなことはあくまでもゆかいに」

（井上さんが立ち上げた劇団「こまつ座」、機関誌『The 座』No.14）

ご家族は井上ひさしさんの遺志を継いで、こまつ座の公演活動を続けています。

愛娘の葬儀で「万歳」を唱えた内村鑑三の真意

内村鑑三の次女路津子（ルツ子）は、十八歳十か月で天に召されました。内村は多少反抗的であるものの、最期には自ら進んで信仰生活に入った心優しい愛娘の埋葬の折り、「ルツ子さん万歳！」と天に向かって叫んだそうです。

「いくらなんでも、それはないでしょう」が一般的な受け止め方で、クリスチャンであっても、「わかるような気はするけどわからない」あたりが正直なところかもしれません。

内村とルツ子の間は、尋常の親子以上の信頼感で強く結ばれていました。

内村は追悼文に書いています。「外面も内面も父に似ていて、好き嫌いの激しい娘だが、『不遇』の友の傍に立つような娘であった」

ルツ子は病に倒れ亡くなった親友に対し、「私が代わってあげたかった」（「聖書之研究」第一四五号、一九一二年）と書いています。さらに自分の恵まれたクリスマスの日を喜びながら、恵まれない子どもたちのことに想いを馳せてもいます（同一四九号）。このように慈しみ深いルツ子が原因不明（肺結核とも言われています）の病気で、病床に臥《ふ》すことになるわけです。

なんという不条理でしょうか。しかしここでも、私たちの身の上に起きる出来事と因果応報が無関係であることは明らかです。

病床にあるルツ子の様子を、『内村鑑三伝』（政池仁、教文館、一九七七年）は次のように伝えています。

「（ルツ子は）高熱が六か月も続いた後亡くなった。……医者から死の宣告を受けてからの五週間は完全な信仰の生涯であった。……内村が『おルツさん、内村家の信仰にさわるような療法によって治るよりも、死んだ方がましだね』というと、『そうよ、もちろんそうよ』と答えた。また、父が『今日からは医者も薬もやめて神様によってのみ全快を待とう』と言った時、娘は大満足の意を表わし、それからなくなるまでの十二日間、もっとも幸福な信仰的状態がつづいた」

内村は臨終の三時間前にルツ子に洗礼を授け、聖晩餐式《せいばんさんしき》を執り行います。なんと厳粛な儀式でしょうか。ルツ子は「感謝、感謝」と繰り返したあと、「もう行きます」と言って息を引き取るのです。

がんを始めとした病気と格闘している人からすると、この父娘のやりとりに納得がいかないかもしれません。ここでは、病気にあって何が幸福なのかを考えてみてほしいのです。ルツ子のように感謝しながら亡くなる自由が、私たちに与えられていることに目を向けてもほしいのです。

ルツ子は年頃の娘でした。内村はルツ子が地上ではなく、天国の花嫁として召されたことを確信したからこそ天に向かって、「ルツ子さん万歳！」と叫びました。葬儀の時、「今日のこの式はルツ子の結婚式であります」と挨拶した内村の真情を理解できるのは、病気と真剣に向き合う人であり、自分の時間を削って傍に佇《たたず》むご家族かもしれません。

内村はルツ子の死後、「家庭とは、『天国の出張所』だ」と思うようになります。

現実には内村の想いとは程遠く、「家は地獄」である人も少なからずいます。家父長的な家にはストレスを感じますし、皆が自由奔放に行動すれば家族がバラバラになります。一緒に住んでいる意味がないような家族も、時々見かけます。本当に家族とは、ひと筋縄にはいかない共同体です。

家庭内のいざこざから犯罪に走った少年、刑務所から出所したものの行き場がない少女などを雇い入れる更生事業に励む経営者がいます。二人の経営者自身も同じような境遇から立ち上がってきただけに、少年少女の気持ちに寄り添うこともできるのです。この二例に共通する経営者の言葉があります。「家族になってやる」「親と思っていいよ」です。この言葉が、少年少女たちに更生の道を歩ませる言葉の処方箋になりました。そんな報道（「文春オンライン」二〇二三年一月二十九日号、テレビ大阪ニュース＝参照）に接すると、家族とは血のつながりがなくても人を安心させる共同体であることも痛感します。

苦しみや悲しみは解決しない。でも解消する道はきっとある

思い出が、悲しみを癒やすこともある

「私は思い出に浸るような生き方をしていない」

「現在の苦しさから逃れるために、幸せな過去を追いかけたりしない」

どちらも前向きで、もっともな考えです。しかし年齢を重ねていくと、思い出がとても貴重なことに気づきます。ありがたいのは、人間の記憶は楽しいこと幸せなことは残り、嫌なことは忘れるようにできているところです。

人生は思い出によって彩《いろど》られ、充実するのです。

伴侶を喪った時、夫や妻、子どもの思い出に浸るのは決して後ろ向きのことではありません。思い出に浸るのは、故人への敬意の表れだからです。ある仏教僧から、「故人を忘れると、故人をもう一度死なせることになる」と聞いたことがあります。

伴侶が亡くなった日で時間が止まり、カレンダーをめくらなくなった人もいます。一緒に楽しんだ映画をひとり観ることで、幸せな日々を思い出す人もいます。まわりに伴侶のことが忘れられないよう、自分が長生きすると心を決めた人もいます。前記しましたが、私も亡母の思い出は、

「幸せな記憶」として脳に刻み込まれています。

思い出は脳だけでなく、全身で記憶しているものです。

定かではありませんが、「人は臨終の時、人生の思い出が走馬灯のように浮かんでくる」とも言われます。私はもちろん経験者ではないので断言はできませんが、理解できる面もあります。自分の最期の時、幸せな思い出に浸るのではないかと想像できるからです。それは希望、願望と言っていいかもしれませんが。

伴侶の死は身近なだけに、自分にも死の覚悟が必要であることも教えてくれます。そしてそれが、その時がくるまで毎日を生き抜くという穏やかな覚悟とともに、立ち直りのきっかけになることもあるのです。

ナチスの強制収容所を体験したヴィクトール・E・フランクルの場合、女性棟に収容された妻の面影、思い出の切実さは胸に迫ります。著書『夜と霧』には、以下のような記述があります。

「愛は人が人として到達できる究極にして最高のものだという真実。……愛により、愛のなかへと救われること！　人は、この世にもはやなにも残されていなくても、心の奥底で愛する人の面影に思いをこらせば、ほんのいっときにせよ至福の境地になれるということを、わたしは理解したのだ」

「愛する妻が生きているのか死んでいるのかは、わからなくてもまったくどうでもいい。

それはいっこうに、わたしの愛の、愛する妻への思いの、愛する妻の姿を心のなかに見つめることの妨げにはならない」

妻はその時、すでに死亡していたことがのちに明らかにされます。しかし、面影《おもかげ》という「思い出」「記憶」があったからこそ、フランクルは生き抜いたとも言えます。

▼「愛される」ことより「愛する」ことに重きを置く

仏教に「布施《ふせ》」という言葉があります。年忌供養《ねんきくよう》などの際、お坊さんにお礼を渡す時の袋などに「お布施」と書いたりしますが、本来は「出家した人たちが自分の悟りのため、自利の修行に走ってはいけない」という戒めだそうです。他者に与えることを修業の第一とすることが、仏教の基本にあります。

キリスト教でも、「愛されるより愛する」「与えられるより与える」ことが重視されます。愛する、与えるためには、感情ではなく意思の力が必要になります。大都市を中心に「炊き出し」の奉仕を続けている教会は少なくありませんが、ある牧師がこんなことを言っていました。「集まった方たちにおにぎりを差し上げる時、『どうぞ』ではなく、『こんにちは』と声をかけるようにしています」と。ここには、相手の立場を慮《おもんぱか》る利他の心があるように思います。

同じように「取るより取られる」「悪口を言うより言われるほうがいい」もまた、ひとつの真理です。イエス・キリストの山上の垂訓にある、「あなたの右の頬を打つ者には左の頬も向けなさい」（マタイの福音書五章三九節）と通じる意思の力を感じます。

あるキリスト教系病院では大きな手術を受ける患者さんに、看護師さんが格別の配慮をしています。全身麻酔のまま二度と目を覚まさないのではないかと恐れ、泣きじゃくる患者さんがいれば、クリスチャンの看護師が手を握り手術の無事を祈ります。時間に追われるような仕事をしている看護師なら事務的に、「さあ、がんばりましょうね」と手術室に案内しても、誰かから責められるわけではありません。それでも患者さんに心の準備ができるまで手を握り、祈りを捧げる。これもやはり利他の心というものでしょう。

苦しい状態に置かれた人に対する心配りは、その人たちに現状を「乗り越えよう」「乗り越えたい」と思ってもらうきっかけになるかもしれません。

家族に対しても、このような心配りがほしいところです。自分ががんになり、家族の関係がギクシャクしてきたら、鏡に楽しそうな笑顔、幸せそうな笑顔、喜びの笑顔を映してみてください。少し無理をしてでも、笑顔を演出してみましょう。笑顔が、楽しさや喜びを招き入れてもくれるからです。あなたの表情が変わる時、家族もまわりも変わっていきます。

第一章で紹介した『なぜ君は笑顔でいられたの？』の福本峻平さんは、その笑顔でまわりの人に影響を与えました。体も動かず声も失った中でも、峻平さんの笑顔は母をクリスチャンに導き、親友が牧師の道を歩むことに力を添えたのでした。

他人への心配りが、自分の悲しみを乗り越える力にもなる

『夜と霧』に、明日のいのちも知れない収容者が他人を慮る描写が出てきます。

「強制収容所にいたことのある者なら、点呼場や居住棟のあいだで、通りすがりに思いやりのある言葉をかけ、なけなしのパンを譲っていた人びとについて、いくらでも語れるのではないだろうか。そんな人は、たとえほんのひと握りだったにせよ、人は強制収容所に人間をぶちこんですべてを奪うことができるが、たったひとつ、あたえられた環境でいかにふるまうかという、人間としての最後の自由だけは奪えない、実際にそのような例はあったということを証明するには充分だ」

最後の自由とは、人間としての尊厳を失わない自由、より困っている人にパンを差し出す自由、感動を忘れない自由、これらは自分自身が決めることです。その自由が、誰にとっても生きる力、救いの力になることを私は確信しています。

病気の子どもを見れば、誰でも手を差し伸べたくなります。車椅子の方がバスに乗る時、本当に自然に手を貸す人もいます。そのような無条件の愛を私たちは授かっているのですが、さまざまな事情から見て見ぬふりをすることが多いのも現実です。

駅のホームにあるエレベーターのドアは、入り口の反対側に出口があります。これは車椅子の方が回転することなく、スムーズに降りられるように設計されたものです。スーパーのエレベーターに乗ると、正面に大きな鏡が設けられています。こちらは車椅子で後ろ向きに降りる時、そこに人がいないかどうかを確認するために設けられたそうです。それらには設置者の心配り、優しい手のぬくもりを感じます。

小児がんの子どもに手を差し伸べる「こどもホスピス」を日本で最初に設立したのは二〇一二年、淀川キリスト教病院（大阪市）です。前出の柏木哲夫先生が中心になって設立したもので、患者さんやそのご家族が楽しく過ごせる「第二の家」を目指してきました。

二〇二一年、横浜市にオープンしたこどもホスピス「うみとおそらのおうち」は医療関係者ではなく、一九九八年に脳腫瘍で六歳の娘はるかさんを見送った田川尚登《ひさと》さんが中心になって設立したものです。この推移については、朝日新聞（二〇二二年七月十四日）やテレビでも報道されています。はるかさんが亡くなったあと、田川さんは四年以上何もできずにいたのですが、「残された時間、子どもやご家族が楽しく過ごせる場所を作る」ことを決意します。それは、「はるかさんからの宿題ではないか」という気持ちが後押ししたものでした。

テレビで映像を見ましたが、場所は横浜市金沢区の海沿いにあり、「うみとおそらのおうち」という名称がぴったりの立地です。この世の光にあふれたような環境で、子どもも親も笑顔がいっぱいです。何もかもが自然な風情《ふぜい》があり、親子が自由に振る舞うことができます。

設立にあたっては横浜市の協力のほかに、三億円の寄付が寄せられたそうです。開設後もプロレスラーが慈善興行を打ってくれるなど、差し伸べられる手はどんどん増えています。はるかさんからの宿題は、田川さんに新しい使命をプレゼントしてくれたようです。「使命」とは「命を使う」大事業ですが、大きな希望をもたらしてくれます。はるかさんはわずか六年の人生でしたが、親だけではなく、世の中に大きなものを遺しました。その「偉大なる人生」によって、さまざまな心配りをどんどんつなげる役割を果たしてくれています。

家族の犠牲か、家族への貢献かは紙一重

「なぜ、自分ばかりが家族の犠牲になるのだろう。バカらしくてやっていられない」

両親は病気がち、弟は好き勝手に生きていて、時たま顔を出せば年金が頼りの親に金の無心。自分は恋人も作れず、少しでも家計を助けるため平日勤務に加え、週末もコンビニでアルバイトをする生活。「以前は、大切な家族だから貢献するのは当たり前と思っていましたが、今はもう犠牲になっているような気持ちが九割です」

三十代前半の女性は、そう言って深いため息をつきます。家族にはうんざりしながらも、自分が働かなければ家族は崩壊する。それは望んでいない。この二つの感情にサンドイッチされたまま、窒息してしまいそうなつらい毎日が続いているそうです。

私たちは両親も家族も選んで生まれてくるわけではなく、与えられたものです。そうである以

上、多少開き直っても付き合っていく最善の方法を見つけようと努めることが肝心です。しかしそれは、自分を捨てることではありません。

「エール！」（フランス、二〇一四年）という、実話に基づいた映画があります。父、母、弟が聴覚障害で、娘のポーラだけが健常者という家族の物語です。両親は飛び抜けに明るく、少し自分勝手ですが子どもたちへの愛情にあふれています。小さな農場を経営し、つつましく生きていますが、業者との交渉や街角でのチーズ販売には通訳役のポーラが欠かせません。ポーラは家族に貢献する役割に不満を持っているわけではないのですが、高校でコーラス部に入り、その声が教師に高く評価されたことから家族との間にさざ波が立つようになるのです。

責任を負わされるという意味で、先に紹介した女性と少し似た家庭環境です。

音楽教師からパリに出て本格的な勉強をするために、まず国営ラジオ放送のオーディションに挑戦することを勧められたポーラですが、家族のことを考えためらってしまいます。するとと教師から激しく叱咤されます。「君は自分で穴を掘ってもぐり込み、自分で泥をかけている！」

家族と自分の将来。このどちらかを選ばなければなりません。迷うポーラの背中を押したのは、家族でした。オーディション当日、家族は車でパリに向かいます。そしてポーラは、審査員も知らない「青春の翼」という曲を披露します。ピアノを演奏してくれたのは、オーディション会場に駆けつけてくれたあの音楽教師でした。「青春の翼」は、以下のような詩から始まります。

ねえ　パパとママ　僕は行くよ
旅立つんだ　今夜　逃げるんじゃない

娘の姿を二階席から見つめる家族に、ポーラは歌の途中から、このチャンスをくれた家族への感謝を伝えるように、手話を交え始めます。それに気づいて二階席を振り返る審査員。実に感動的なシーンです。ポーラは合格し、パリに旅立つその朝、四人の家族は輪になって顔を寄せ合い抱き合うのですが、一人がその輪から抜け出そうとする時、家族は本当にひとつになったことを映画は静かに示唆しています。

オーディション舞台を下がる時、後ろの客席を振り返った審査員がポーラに声をかけます。

「いい選曲だね」

私にも声をかけさせてください。

「自分の道を行くのも、家族への貢献にきっとなりますから」

自分の力では、どうにもならない不公平は放っておく

「家族が一番」ではない人もいるでしょう。「おひとり様」を望んで実践する人も少なくないと思います。しかし家族を通じた幸福感や充実感、その一方にある苦難や悲しみは、家族でなければ味わうことができません。家族は天からの授かりものではなく、預かりものです。預かりもの

である以上、大切に扱ってほしいと思います。

大切に扱いたくても、あまりにも不公平だとその気になれない人がいることは理解できます。経済面や健康面で、大きな差があるのも事実です。しかし、経済的に豊かな家でも夫婦仲が悪く子どもが犯罪に走る場合もあれば、その一方で「エール！」のような家族もあります。不公平を認め、それを悔しがるのは自然です。しかし心が揺れ動く中で、この不公平はそれほど悪くないことだと考え始めるようになると、少し様子が変わってきます。

すべての面で、人と比べることはやめましょう。百億円の資産がある人も、財布の中にいつも小銭しか入っていない人も、病気はそんなことは気にかけません。死もまた公平に一〇〇パーセントの確率で訪れます。この公平感に納得できれば、人と比べる不公平感など米粒のようなものです。放っておけばいいのです。しかし、社会的な不公正については、怒りの声を上げることも必要です。

「自分はなぜ、こんな苦難に満ちあふれた家に生まれたのだろう」と怒ったり嘆いたりするのではなく、苦しくても「こうである以上、私はどうすればいいのか」と問いかけましょう。「エール！」の主人公ポーラは、家族を思いながら家族のサポートも得て、新しい道を歩き出しました。これが不公平をもらった人の生き方です。

忘れてならないのは、自分が不公平の「発信元」になる場合もあることです。自分の仕事が遅いと「丁寧にやっているから」と許し、人が遅いと「さぼっている」と非難する。自分の悪は小さく見なし、他人の悪は大きく見る。自分の善は大きく、他人の善は小さく扱う。皮膚の色とか国籍で差別する。これらは相手からすると大変不公平なものです。このような不公平は放っておくのではなく、自らさっさと捨ててしまいましょう。

社会と同じように、家族にも公平・不公平は生じます。たとえば希望の大学に行くことができたかどうかが、兄弟姉妹に思わぬ軋轢《あつれき》を生む場合もあります。一人が健康で、もう一人は難病に冒されることもあるでしょう。こんな時、「いい大学に行った子どもが愛おしい」「難病の子どもに多くの愛を注ぐ」など、親の視線から公平が失われてしまったら、どちらの立場の子どもにも悪影響を及ぼすことになります。

ヨブの神への抗議には、「自分は神に不公平に扱われている」という思いがあるのではないでしょうか。自分に論戦を挑む三人の友人は、いずれも何不自由のない生活を送っている。「それなのに自分は財産だけでなく、子どもを失い妻にも疎《うと》まれている。なぜ、こんな目にあうのか」という怒りにも似た感情に支配されています。まるで、親から不公平な扱いをされた子どものように強い不満を訴えているのです。

この感情があまりにも強すぎて、「神は誰にでも公平である」ことを、ヨブは忘れてしまっているように見えます。

第三章

自分のためだけに生きるのはつらすぎる

いつまで、あなたがたは私のたましいを悩ませ、ことばで私を砕くのか。
（ヨブ記一九章二節）

あなたがた、私の友よ。あわれんでくれ。私をあわれんでくれ。神の御手が私を打ったからだ。なぜ、神のように私を追いつめるのか。なぜ、私の肉で満足しないのか。
（同二一～二二節）

三人の友人の言葉に、ヨブは孤独に追い込まれていく

ヨブの友人の一人ビルダデは有能な神学者だけに、神に不平不満をぶちまけるヨブに我慢がならなかったようです。ヨブ記一八章は、ビルダデとヨブの第二回論戦です。内村鑑三はビルダデがヨブに対し、「病毒が身体を腐らせる」「もうすぐ死ぬだろう」「子孫も滅びる」と激しい攻撃を行ったと解説しています（講演録）。それはヨブにとって、全く受け入れられないものでした。

三人の友人の来訪を期待していたヨブだけに、これらの言葉に大変なショックを受けます。死期を前にした人に、「あなた、もうすぐ死にますよ。死んだら何も残らないからね」と言っているようなものです。これでは、もはや友人とは言えないにもかかわらず、ヨブは右のように「あわれんでくれ」と哀願するのです。ヨブ記の読者はそれまでのヨブの敢然《かんぜん》と主張する姿を知っているだけに、「どうしたの？」と疑問に思うかもしれません。

私は想像します。ヨブはビルダデの言葉に、いったん深い孤独の谷に墜《お》ちたのではないかと。そして谷底に足が届いた時、今度は急浮上する力を得たのではないかと。

実際、一九章の最後でヨブは、まるで開き直ったように三人の友を指弾《しだん》します。

「あなたがたはさばきがあることを知るようになる」

このように起伏の激しいヨブに私は戸惑いを覚えるものの、どこか憎めなくて親しみも覚えてしまいます。

病気が孤独の原因ではなく、もともと人は孤独な存在

苦難を知らずに生きるのは、大きな不幸

この時のヨブの嘆きの大きさは、「神は私の兄弟たちを私から遠ざけ、知人たちはすっかり私から離れて行った。親族は見放し、親しい友も私を忘れた。私の家に身を寄せる者や召使いの女たちも私をよそ者のように見なし、私は彼らの目に他人となった」（ヨブ記一九章一三〜一五節）というものでした。その嘆きは、「私は、骨が皮と肉にくっつき、かろうじて生き延びている」（同二〇節）と続き、最高潮に達します。

まさに四面楚歌《しめんそか》で、救いようのない状態です。孤独の塊《かたまり》に化したと言ってもいいでしょう。しかしこの嘆きの裏には、現実問題から目を背けないというヨブの気持ちも込められているような気がします。「天国に行けば、この苦しみから逃れることができる」とは思わず、現実の苦難は地上で解決したいと願っているようです。結果的に神の愛はそんなヨブを見捨てず、引き上げてくれました。

ヨブほど追い詰められていないとしても、その孤独は私たちにとっても決して他人事ではありません。病気になると、誰でも日常生活から切り離され孤独な心境になりがちです。入院すれば

環境が激変しますので、なおさらです。しかしこの孤独感は、自分の人生や家族を見直す絶好の機会にもなります。この時こそ、「人生に期待するのではなく、人生が自分に何を期待しているのか」を見つめてみましょう。

期待とは使命や役割と言えるかもしれません。ポイントは、自分以外の何かに尽くすことです。「家族のために今死んでなるものか」と、つらい抗がん剤治療に耐えるのも立派な使命です。「自分より深刻でつらそうな患者さんに声をかけよう」「退院したら、同病の方たちと患者会を作ろう」など、病床にあってもできる使命や役割、希望はたくさんあります。

たとえば、「あーよかったですね」と心から心配し、喜んでくれる人がいるだけで、その人にとって大きな力になることは間違いありません。孤独が癒やされ、肯定的に自分を愛せるようにもなれるからです。

時には孤独を積極的に求めてみる

実際に動いてみるとまわりに人が集まってくるようになり、孤独感を忘れることもできます。忘れるだけであって消えるものではなく、健康な人にも病気の人にも根本的な孤独感は付きまといます。私たちは一人で生まれ、一人で死んでいく宿命を負っているからです。その孤独感があるからこそ、人は人を愛し、家族や友人、仲間を求めます。

神はもともと、人が一人で生きていくことを考えていません。ですから、アダムに次いでエバを誕生させました。この二人は最初の隣人であり、夫婦でした。二人になれば、時には意見が違って孤独も味わうことになる。それでいいのです。相手がどれほど自分に必要かが理解できるようにもなるからです。

病気にもならず、のほほんと毎日を過ごしていたら、孤独感も知らず人とのつながりの大切さを理解できないまま人生を歩むことになりかねません。苦難を知らずに大人になるのは「ラッキー」などではなく、とても不幸なことです。苦難を体験しない人は、苦難にある人を決して理解できないからです。

ひとつ、付け加えさせてください。孤独感に苛《さいな》まれるのはよくありませんが、孤独な時間は必要だということです。まわりに同世代がいなかったこともあり、私は子どもの頃から一人で昆虫採集に熱中し、夜釣りを楽しんでいました。どちらも一人が似合う遊びです。現在でも本を読む時、想いに耽《ふけ》る時など、孤独な時間を大切にしています。

『夜と霧』の作者であるフランクルは、つねに集団行動を強いられる収容所生活では孤独になることが難しく、それだけにこの集団からいっときでも逃れ、「ひとりになって思いにふけりたいという、心の底からの渇望、ささやかな孤独に包まれたいという渇望がわきおこるのだ」と書いていますが、いつも仲間とワイワイ騒いでいるばかりでは成長することはできません。その意味で、病気になり孤独感を知るのは価値のあることです。

人の思いやりには、限度があることも知っておきたい

私たちは、「自分のことを知ってほしい」「自分の悩みを理解してほしい」と願うものです。ヨブが友人たちに求めたのも、その願いでした。あまりに純粋に求めすぎたとも言えるでしょう。しかし、死ぬか生きるか切羽詰まった中であれば仕方ないのですが、たとえ友人であっても、自分が背負う「荷物」を代わりに背負ってもらうことはできません。ただ、「重い荷物を背負って大変だな。しっかり歩けよ」と理解し、応援くらいはしてほしいと思うのは自然な感情です。残念ながらヨブの三人の友人には、この姿勢に欠けていました。

まわりから応援も理解もしてもらえなければ、深い孤独に陥って当然です。入院中、夜中のベッドで孤独感を覚えるのは、「健康な人はいいな。それに引き換え自分の有り様はどうだ」「このまま取り残されてしまうのではないか」などと考えてしまう時です。カーテン越しに聞こえてくる隣のベッドの患者さんの心地よさそうな寝息にさえ、イライラが募ったりします。

そんな時の心構えを遠藤周作さんは『聖書の中の女性たち』（講談社、一九七二年）の中で、「夜、体の苦しさと心の不安で眠れない病人が幾百、幾千の病室で体を横たえているのだと。貴方の寂しさはたとえ健康な人には理解されなくとも、この人たちはきっと知っているのです」と書いています。だから、「貴方は決して一人ぼっちではない」と遠藤さんは続けます。ご自身、何度か入院生活を送った経験のある遠藤さんだけに、胸にストンと落ちてくる言葉です。

他人と比べると、孤独感はどんどん深まるばかり

人の境遇や能力と自分を比べて、「うらやましい」とか「自分が可哀想」とか思うことはやめませんか。小児がんで子どもを喪ったある母親は、「街角で仲のいい親子を見ると目をそむけた」と告白します。親の正直な心情として、よく理解できます。その一方で、第二章でも紹介しましたが、我が子の死をきっかけに同じ病で苦しむ子どもや親のために、患者会などを立ち上げる人もいます。どちらが正しいかではなく、どちらが喪失感や孤独感を癒やしてくれるかを考えてほしいのです。

考えてみると私たちは、小さい頃から人と比較しながら、あるいはされながら生きてきました。それだけに大人になってから、急にその習性を変えるのは難しいかもしれませんが、ぜひ「人と比べない」ことを試みてみてください。

私は病理医として、これまでたくさんのご遺体とも向き合ってきました。ご遺体を前にして、「この人の人生はどんなものだったのだろうか」とか「自分らしく生きてこられたのだろうか」と思うことが度々あります。このように死から生を見つめ直すと、その人にとって他人と比べることは何の意味も持ちません。裕福な人も才能豊かな芸術家も、目の前に横たわるのはいのちを失ったひとつの肉体に過ぎない。百億円の資産を持っていようが無一文であろうが、私の目前では同じご遺体なのです。

世の中の悩みの多くは、人と比べることで生まれます。しかし死から生を見ると、比べることの虚しさが浮かび上がってきます。

過去と現在の自分を比較するのも、あまりいい結果を生み出しません。病気になって、「あの頃は元気だったのに！」「予防対策をやっておけばよかった」などと思うのは、自ら悩みの種を撒《ま》き散らしているようなものです。どうにもならないことに無駄な時間を使わず、どんな境遇にあっても「今の自分が一番！」「これからどうするか」と思いましょう。問題は何が大事かということですが、自分本来の役割を自覚して実践すると、きっと何かが変わります。

私は京都で大学浪人時代を過ごしました。その時代に浄土真宗の宗祖である親鸞《しんらん》（一一七三～一二六二年）の『歎異抄《たんにしょう》』を読み、「人種、性別、年齢、能力、貧富に関係なく、誰もが平等である」という教えに接し、同時に内村鑑三の「われわれが死ぬときには、われわれが生まれたときより、世の中を少しなりともよくして往こうではないか」（『後世への最大遺物・デンマルク国の話』岩波書店、青空文庫）という言葉に心が震えたものです。

私が後世に遺せるものがあるとすれば、お金でも事業でもなく、「考え方」ということになるでしょう。私は今、小さな働きかもしれませんが、さまざまな形でがん哲学を広めることに尽力しています。がん患者さんが最期まで安心して暮らすことができる「メディカルヴィレッジ」構想も、その延長線上にあります。微力ながらこの構想の道筋を作るのも、私なりの使命だと思っています。

不完全な存在だからこそ人とつながり、助け合っていく

自分に与えられた才能は、自分だけのものではない

才能とは英語で、「Gift／Talent」と言います。つまり才能は神からの贈り物であり、決して一人占めするものではありません。才能は世の中のためになって初めて、「才能」と呼ぶのです。そしてその才能は、個人個人でバラバラです。お金儲けの才能があっても、人を愛したり、愛されたりすることが苦手な人もいます。私などは運動神経がからっきし駄目で、スポーツ選手の活躍ぶりを目にすると憧れたりもしますが、うらやましいとは思いません。人それぞれだからです。その代わり私には医学のほかに、「本を読むことが好き」という才能を与えられました。

名古屋工業大学の小田亮《まこと》教授によれば、人間に一番近いとされるチンパンジーは相手に要求されれば助けることはあるものの、自発的には助けようとはしないそうです。人間だけが、頼まれなくても手助けするというわけです（「朝日新聞」二〇二二年一月十三日）。それにもかかわらず、残念ながら争い事が絶えません。コロナ禍の際、トイレットペーパーの買いだめ騒動が起きました。そのニュースを見ながら、「同じものを求めれば、争うか協力するしかない」という言葉を思い出しました。

人間には「助け合う」という、実に崇高な才能が与えられています。「そんなものが何になる。それでは人生の激しい競争に負けてしまうではないか」という反論もあるでしょうが、この競争こそ私たちの悩みと孤独、虚無感の元凶なのです。競争など自分から求める必要はありません。現実には難しい面もあるでしょうが、助け合う道を探る、それを粘り強く探り続けることです。人生、「一寸先は闇」ですが、「一寸先は光」にもなります。たとえば人生という行列の一番後ろに並んでいても、振り返れば一番前になるわけですから。

新聞に「人と人がつながる」記事が増えてきた

毎日ニュースに接していると、闇バイトを実行犯とする強盗殺事件をはじめ、家庭内で起きる悲惨な事件など、人と人とのつながりを嘲笑《あざわら》うような暗い現実が浮かび上がってきます。そのような中で、逆にそのつながりの素晴らしさを伝えるニュースも増えているような気がします。記者も、「世の中、このままではいけない」と、ぬくもりのあるニュースを懸命に探しているのかもしれません。

朝日新聞が定期的に「声」欄で掲載している「オピニオン　がんとともに」は患者さんやご家族の生の声を知ることで、私も大いに参考にしています。二〇二三年二月四日の同欄では、十三年以上も闘病生活を続け三十歳で旅立った息子さんを偲《しの》びながら、「命を見つめる心を学んだ」という男性の投書に心が惹かれました。息子さんは、「病気」になっても「病人」にはならず、家族に素晴らしい贈り物を残したようです。

がん哲学外来から生まれたさまざまなグループとのミーティングでは、がん患者さんの本音や心情を知ることができます。また、医療従事者の想いに接する機会も多く、その度に患者さんにも医療従事者にも、具体的な医療とともに「哲学」が必要であることを痛感します。難しく聞こえるかもしれませんが、哲学とは生き方であり思いやりであり、人とのつながりの大切さを指すものにすぎません。

私のがん哲学の基礎になったのは、間接的な恩師である病理学者の吉田富三（一九〇三〜一九七三年）博士の教えです。博士は医師の三カ条として、「医師は生涯書生」「医師は社会の優越者ではない」「医業には自己犠牲が伴う」と唱えました。患者さんを人間の目で見ることを重視した医師でした。

「患者」ではなく「人間」を診る医師が、力を与えてくれる

知り合いの看護師の話を紹介しましょう。悪性リンパ腫を患った彼女はシングルマザーで、病気が原因で高校受験を目前にした息子さんが動揺しないよう心がけてきました。幸いなことに、主治医は息子さんに母親の病気について的確に説明してくれ、「一緒にがんばろう」と励ましてくれたそうです。ここには医師と患者さん・息子さん、母親と息子さんというつながりがあります。彼女はこのつながりに支えられて、抗がん剤治療を乗り切りました。この医師には、これま

での経験や学びを通して人間を見つめる哲学が備わっていたのでしょう。

入院治療を体験した多くのがん患者さん、難病の患者さんが口にするのは医療従事者への感謝です。病院は限られた空間であるだけに、ちょっとしたことが心に染みるという面はあります。患者さんの都合を重視して治療スケジュールを立てる医師、悩みや不安を語る患者さんの言葉に思わず涙ぐむ看護師、難病に苦しむ子どもをチームとして支えてくれる病院など、いざという時に手を差し伸べるだけでなく、強く握りしめる医療従事者がいることを頼もしく思います。

一方で、患者さんの最期の苦しみに対し病院に都合のいい治療を施すだけで、患者さんやご家族への心のこもったケアを忘れている話もよく聞きます。医師や看護師にも哲学が必要であることを痛切に思います。

助けを求めるメッセージには、喜んで応えたい

神から見れば、私たちは等しく弱い人間です。自分の弱さを知れば、人にも優しくなれます。弱さを認めない人に限って声高に正論を述べたり、口汚く他人を罵ったりするものです。そのような人は得てして強い者におもねり、弱いと思われる人には高圧的になりがちです。人の力が及ばないものがあることに気づかず、自分の力に頼るばかりでは世の中成り立ちません。何事も「自分が」「自分で」という自己責任論を突き詰めていくと、自分を神格化する、恐ろしいほどの傲慢さが見えてきます。

そのような世相であっても、助けを求めることに躊躇《ちゅうちょ》する必要はありません。助けてくれる相手を持てば持つほど、その数が多いほどじつは自立できるのです。

パウロが書いたローマ人の手紙一五章一節に、「私たち力のある者たちは、力のない人たちの弱さを担うべきであり、自分を喜ばせるべきではありません」とあります。当時のローマ教会はユダヤ人、ローマ人、それに貴族や奴隷も集う大所帯でした。その運営は主に女性たちが支え、しかも千五百人を超える困窮者をサポートしていました。このサポートは大変な重荷になりましたが、パウロの手紙には、「重荷を背負わずに人を愛することはできない」「隣人を愛することと、自分を愛することは両立する」するという気持ちがこもっています。

私は時々ユーモアを交えて、「皆さんより不幸や苦難に見舞われている人を探し出し、手をお貸ししましょう」と提案しています。それに真剣にうなずく人がほとんどですから、自分の手に負えないことがあれば、助けを求めましょう。今のところ助けのいらない人であれば、その助けてというメッセージに応えてください。人の手を握ればぬくもりが返ってきます。ゆっくりした足取りの人に歩調を合わせれば、いつもと違う景色が見えてきます。そのような恩恵をいただくことができるのです。

与えると与えられる、与えられると与えるようになる。これこそ人間社会がつながるということです。

人は、「つながる」「つなげる」のではなく、「つながっている」

広いようで、じつは狭い場所にひしめき合う人類

右記は地球と人類の関係を指しています。フランスの哲学者ブリュノ・ラトゥール（一九四七〜二〇二二年）は地球を俯瞰《ふかん》して、「宇宙から見たとき、……テレスメリアル（大地、地上的存在、地球）に関わるすべての事象は、地質基盤のあいだの、わずか数キロの厚みしかない驚くほどの薄いゾーンで起きている」（『地球に降り立つ――新気候体制を生き抜くための政治』新評論、二〇一九年）と指摘しています。地球のわずかな場所に八十億を超える人たちに加え、天文学的な数になる動植物がひしめき合っているわけです。お互いに譲り合わなければ、人と人だけでなく人と動物、人と植物、人と気象の面でも争い事が起きて当然です。戦争や地球温暖化は、狭い陣地を取り合うことで生じたものと言えるでしょう。

私たちは遺伝と病気の関係に関心を持ちますが、祖先を辿《たど》っていくとすべての現代人に「共通の祖先が存在」するそうです（「朝日新聞」二〇二三年二月十六日、駿台予備学校・生物科講師、佐野芳史さん）。生物学的な父と母の数は江戸時代だと千二十四人、九百年前の祖先は約十億人（延べ人数）になります。もちろん祖先の出身地は、国も軽く超えます。たとえば今、アフリカに生き

る誰かと、私たちの血はつながっています。もっと言えば、「地球上の人間は全員、血がつながっている」というのが、佐野さんの結論でした。

肌の色や民族、国境などで争うことがいかに馬鹿らしいことだと教えてくれる、実に有意義な記事、論稿です。人は「つながる」のでも「つなげる」のでもなく、人は「つながっている」ことを教えてくれるからです。

見知らぬ人の愛が、いのちをつなげる骨髄移植

白血病は年齢に関係なく発症する血液のがんです。六十歳以上の高齢者が全体の七割くらいを占めますが、小児（〇～十四歳）ではがん全体の三八パーセントが白血病（急性リンパ性白血病・急性骨髄性白血病）で一位になります（がん情報サービス、二〇二一年のデータ）。

両白血病とも治療の基本は化学療法ですが、効果が見られない時は最終的に「同種造血幹細胞移植」（骨髄移植）をするかどうかが選択肢となります。骨髄提供登録者数は約五十四万四千人（二〇二三年一月末日現在＝日本骨髄バンクのデータ）いますが、白血球の型などが適合しないと移植はできません。移植を待つ人は年に約二千人ですが、実際に移植を受けられる人は年千百人ほどです。

骨髄提供者のドナー登録ができるのは十八歳以上五十五歳以下という条件があり、四十歳以上が全体の五八パーセントを占めます。実際に骨髄を提供するとなると四～五日の入院と全身麻酔

が必要なので、かなりの負担です。それにもかかわらず五十四万人あまりの方々が登録していることは、非常に力強いかぎりです。

骨髄移植にも、残念ながら運・不運がつきまといます。これはご本人にもご家族にも、どうにもならないことです。生死に関わる問題ですから、運や不運に左右されるのは理不尽としか言いようがありませんが、骨髄移植で健康を取り戻す人の隣のベッドで、ドナーが見つからなかった幼児が亡くなるような不公平なケースも生じるわけです。

移植を受けた当人やご家族は喜びながらも、「自分だけが助かってしまった」という思いに苦しむこともあると聞いています。その思いは大切です。しかし、骨髄を提供してくれた人の、「どうか元気になってほしい」という思いも尊重されるべきでしょう。ルールでは、提供者の名前は明かされませんので、無名の人の善意に感謝しつつ生きていくことが恩返しとも言えます。現実に、「しっかり生きる義務があると思う」と心を決める人、患者さんのご家族がドナーになるケースもあるそうです。同じように病に苦しむ人のために何ができるか。方法はさまざまですが、そんなことを思えるようになるのも病気が与えてくれた「新しい人生」と言えるかもしれません。

臓器移植を受ける側には、深い葛藤が生まれる

骨髄移植でも、「自分にその資格があるのか」と悩む人が少なくありませんが、他人の死の上

に成り立つことの多い臓器移植となると、患者さんは骨髄移植とは比べものにならないほどの深い葛藤に陥ります。真剣に生きている人ほど、その葛藤は深いものになるかもしれません。

日本臓器移植ネットワークによれば、移植を希望して待機している方は約一万五千人、それに対し移植を受けられる人は年間約四百人です。臓器提供者が少ないだけに、受けられた人はすこぶる幸運です。しかし、「その幸運を喜べばいいではないか」と簡単に言えないのが、臓器移植の難しいところです。たとえば劇症肝炎で肝臓の細胞が壊れ、残る治療は移植しかないと言われても、「自分の生が、他人の死の上に成り立つ」重さに苦渋し、「自分にその資格があるのだろうか」と思い悩む患者さんがいます。「いのちをいただく」のに、その提供者について何も知らないことも大きな葛藤を生む原因でしょう。

私は病理医として、数多くのご遺体の解剖にも立ち会ってきました。がん細胞が各内臓にどのように侵食しているかなどを観察し、今後の治療法のヒントを見つけたりする仕事です。顕微鏡で観察すると、普通死の方の内臓にも小さながんが見つかることもしばしばです。それだけに臓器移植に関心はあるのですが、前記のような患者さんの苦悩や葛藤の寄り添えるのは医師と看護師であると信じています。

医学の進歩によって、生きるための選択肢は増えてきましたが、その一方でどのような死生観と哲学を持つかわからない医師と看護師に、いのちを預けるケースも出てきます。これは、ちょっと怖い話です。特に臓器移植を受ける患者さんと接する医師や看護師には、どのような寄り添い方をするかを人間として考え、死から生を考えるような哲学を持っているかどうかが問われます。たとえキャリアに傷がつく恐れがあっても、患者さんのために最も適切な治療を施す医師がいれば、患者さんの最後の望みを叶えるために、思い出の場所に行くことを後押しする看護師がいます。このような医療スタッフが当たり前にいる病院や診療所が増えれば、患者さんはもっと「安心して不安になる」ことができます。

幸いなことに、がん哲学を実践する医師や病院、患者さんに寄り添う看護を追求する看護師が増えてきました。医療スタッフが主催したり参加したりするメディカル・カフェも広がりつつあります。私たちは一日を必死に生きるために、時には死について考える時間が必要です。死について真剣に考えるのは、ある意味で死を体験することです。その体験者こそ、いのちと向き合う人たちの本当の味方になれます。

家族とはまた違う関係。友人が支える力は欠かせない

多くの病院の病室は、同病で症状や状態の近い人が入るようになっているようです。そのほうが、看護もしやすいからです。そのため入院患者同士が友人関係になり、退院後もメールや電話でやりとりをすることも多くなります。普通の友人と違い、同じような体験をしているだけに話が早いことも気が楽でいいのでしょう。こうした「入院友」「がん友」は、当事者にとってかけがえのない存在になります。

直腸がんで人工肛門をつけた「ストーマ仲間」は、家族にさえ少し遠慮がちになる「下」の話でも大笑いしながら語り合えます。そして、「みんながんばっているんだ、私も」という前向きな気持ちにさせてくれるのです。このようにつながる友人は、本当の味方と言えるでしょう。

顔の片側が大きく腫れ上がるがんを発症したある男性は、会社・仕事関係者の見舞いを一切断っていましたが、ここではちょっと書きにくい〝悪い遊び〟の共犯者である数人の同僚だけは例外でした。買ってきてほしいものがあれば、遠い自宅に住む家族より近くの会社にいる友人に頼むほうが、手っ取り早いからです。勤め先が出版社だけに時間の自由度が高いので、あっという間に誰かが届けてくれます。自分では人に見せられないと思っている大きく膨れ上がった顔について、その悪友たちは平気でからかいもしますが、「ちきしょう」と一緒に口惜しがってもくれるのです。「この顔、気持ち悪いか」と聞かれると、「気持ち悪い」と答える友人たち。再婚した若い妻の間に生まれた息子が、自閉症であることも知っています。夫の病気にうろたえ子どもの将来を案ずる妻を励ますのも、彼らの役割でした。これらはその友人の一人が、私に話してくれたことです。

私は常々、「患者さんの傍で三十分、黙って座っていればいい」とお見舞いの心得を語っていますが、彼らの振る舞いはその真逆です。しかし、これもありでしょう。わかってくれる人がまわりにいることの幸せ。友人とは話を聞いてくれる人で、親友とはわかってくれ、何が大事であるかを理解してくれる人のことです。彼らは確かに、親友同士でした。

彼らはヨブの三人の友人のように、「どうして、こんなことになったんだ」とも「何かの祟《たた》りかもしれん」などとは一切言わず、宅配便の役割を快く務め、その病状に「ちきしょう」と、一緒に口惜しがってくれました。そこには、私の心得を超える愛があります。まさに、「小さなことに、大きな愛をこめる」友人たちです。これには降参です。

偉大なるお節介の輪を、どんどん広げていかなくては！

「日本人には意地悪が多い」というニュースにびっくり

日本人の優しさを信じる私にとって、ちょっと困ったデータがあります。「ニューズウイーク日本版　経済ニュース超解説」（二〇二一年五月）によると、日本人は諸外国と比べて「意地悪」な人が多く、他人の足を引っ張る傾向が強いとか。大阪大学社会経済研究所を中心とした研究グループの調査結果です。

アスベスト被害者のある男性の話ですが、コロナ禍の最中、地下鉄に乗ると周囲から非難するような視線が浴びせかけられました。どうしても、頻繁に咳《せき》をすることが多いためです。そこで彼は、手書きの紙を鞄にくくりつけます。そこには、「咳が頻繁に出て迷惑をおかけします　アスベスト被害者です　コロナではありません　うつりません」と書かれていました（朝日新聞デジタル「多事奏論」二〇二三年一月二十五日）。

私はアスベスト被害者の悩みや相談に乗る専門外来を順天堂医院内に設けるなど、二〇〇五年以降この問題に長く関わってきただけに、このニュースには心が非常に痛みました。新型コロナウイルスに感染したくないのは私も同じですが、希少がんの中皮腫《ちゅうひしゅ》や肺がんで亡くなる恐れのあるアスベスト被害者を、ここまで追い込んでいいものかと考えてしまうのです。

コロナ禍ではマスク不足も話題になりましたが、融通し合った日本人も少なくなかったはずです。私のまわりには「利他心」に富んだ人が圧倒的に多いだけに、前記の調査結果にはびっくりしました。日本人がそのように評価されることは残念でなりませんが、日本人には自己肯定感の低い人が多いとも聞きます。そのような人たちには自分にとって悪いことを「人のせい」にする傾向があるそうです。その流れで人にも意地悪をするということでしょうか。

先ほどの「ニューズウィーク」の記事には、「同大学の別の研究グループによると『新型コロナウイスルに感染するのは自業自得だ』と考える日本人の比率は十一・五パーセントと、中国の四・八三パーセントやアメリカの一パーセントなどと比べて突出して高かった」という結果が出ていることも記されています。こうなると、日本社会が少々おかしくなってきているのではないかと少々心配になります。

人間は本来、意地悪な存在ではない

それでも日本人の「利他の心」は健在です。本書ではユダヤ人を救った杉浦千畝《ちうね》、慈恵病院（熊本市）の「こうのとりのゆりかご」、子どもホスピス、各地で開催されるメディカル・カフェ、東日本大震災のボランティアに取り組む牧師、少年院を出院した少年に居場所を提供する経営者など、「偉大なるお節介」に尽くした人たちを紹介してきました。それだけに、前記のような調査とは違う日本人の姿をもう少し見つめてみましょう。

難病に冒され閉店を余儀なくされた寿司店主が、常連客の励ましで懸命なリハビリを続け、限定メニューで店を再開（「朝日新聞」二〇二三年一月二十九日）、十九歳のシングルマザーの苦境に全国から届いた支援（「朝日新聞デジタル」二〇二一年二月五日）、東日本大震災で両親を亡くした息子の同級生のために、高校卒業までの毎朝、お弁当を二つ作り続けた母親（「朝日新聞」二〇二一年三月七日）などをはじめ、小児がんの子どもたちに、医療用ウィッグをプレゼントするために髪を伸ばす少年少女、若くしてがんや難病に見舞われたタレントに声援を送るファン、がんで入院して復帰した女性の部下に、「感無量」と喜んでくれた上司。

新聞の切り抜きなどを少し整理するだけでも、もうキリがないほど「偉大なるお節介」に尽力する人のニュースが出てきます。

行動経済学を専門とする大竹文雄さん（大阪大学特任教授）が、コロナ禍で人々の行動変容にどのようなメッセージが有効かを二十〜六十九歳の四千二百四十一人を対象に調査したところ、三密を避けると「あなたの命を守れます」より、「身近な人の命を守れます」が有効であることがわかりました（「朝日新聞デジタル」二〇二二年一月二十二日）。私のまわりでも、マスクをするのは「自分が感染したくないため」より「人に感染させたくないから」という利他的な意見が多かったように思います。

「利他」は本来、「他者を思いやり、自分の善行の功徳によって他者の救済に努める」ことを意味する仏教用語と聞いたことがあります。キリスト教も「愛の宗教」と呼ばれるほど利他的な宗教で、キリスト教に基づいた多くのボランティア活動が英国などで生まれました。

私たちは「愛」を備えて生まれてきましたが、人を憎んだり殺したりすることはその後の人生で学ぶものです。〝悪の天才〟ヒットラーも、生まれた時はきっと親に祝福された可愛い赤ちゃんだったことでしょう。彼はその後の人生で悪を学び、ユダヤ人大虐殺という蛮行《ばんこう》に手を染めました。

同じような意味で「利他心」も、学びや経験の中で培われていきます。

聖書に、「だれでも、自分の利益を求めず、ほかの人の利益を求めなさい」（コリント人への手紙第一、一〇章二四節）とあります。さらりと書かれていますが、現実の社会で実践するのは容易ではありません。だからこそ、他人の苦難に手を差し伸べる「お節介」は「偉大」で「崇高」なのです。宗教に関わりなく、その手は誰でも差し伸べることができます。人間が「意地悪」や「悪事」をするために生まれてきたわけではないことは、前記のように多くの人が証明してくれていますから。

「お節介」全開で、患者さんに寄り添う在宅診療所があった！

第一章で紹介した『エンド・オブ・ライフ』は、京都府にある渡辺西加茂診療所が舞台です。院長の渡辺康介さんは生粋の京都人で、私と同様、白衣を着ない医師です。大学病院をやめて開業し、その後この在宅診療専門の診療所を立ち上げました。患者さんの多くは厳しい病状にありますが、その心身に徹底的に寄り添い家族にまで目を配る、今どきちょっと珍しい診療所です。

末期がんの女性が、家族と少し遠方の海岸に潮干狩りに行きたいと言った時、渡辺院長も担当の医師、看護師、介護スタッフも、それを実現するために心と力を尽くします。長時間のドライブはいのち取りになる恐れもありました。しかし女性が家族との思い出を作るために大学病院を退院したことを知っている渡辺院長は、「まあ、やってみればいいんと違う?」。しかもスタッフの同行費用は、すべて診療所が負担するというのですから驚きます。このような医師、看護師、介護スタッフが一体となった在宅診療所があることを初めて知り、私は何だか心から嬉しくなりました。

渡辺院長が、著者の佐々涼子さんに呟きます。

「まぁ、我々のやっていることは『おせっかい』なんでしょうなぁ。世間は自分のやることに境界を設けたがる。『私の仕事』『あなたの仕事』『誰かの仕事』というように。自分のすべきこと以外は、だれもが『私の仕事じゃない』と言って見て見ぬふりをする。しかし、それでは社会は回っていかんのですよ」（『エンド・オブ・ライフ』）

私は渡辺院長の言葉に感動を覚えつつ、深く頷きました。とびきり素晴らしいお節介ではないでしょうか。しかも渡辺院長は、ともかくおっとりとしていて、おしゃれで、「医者になっていなかったら、僕は美容師になっていたかもしれんね」と言う人です。

診療所の患者さんは、こんなことも言っています。「困って電話すると、電話が終わった途端にドアの前に医師や看護師が立っている」と思うほど対応が素早いそうですから、患者さんは安心して心身を委ねることができます。

日本人船員を救うため、とっさに荒れ狂う海に飛び込む

第一章で、「理想の人類愛は大切だが、身近な隣人愛にも目を向ける」と書きましたが、人類愛が尊いことは言うまでもありません。第三章の最後に二人の勇気ある、それこそいのちを懸けた「人類への偉大なるお節介」を紹介しましょう。

一九五七年二月十日夜のことです。名古屋港から神戸港に向けて航行するデンマーク船、エレン・マースク号は、紀伊日《ひ》ノ御崎《みさき》灯台沖で火災を起こしている徳島県の高砂丸を発見します。その時、海上は風速二〇メートルを超える強風が吹き荒れていました。自船の航行さえ用心しなければならない局面で、エレン・マースク号の船員は懸命な救助活動を開始します。機関長である

ヨハネス・クヌッセンは、エレン・マースク号の縄ハシゴから転落した船員を救うため荒れ狂う漆黒の海に飛び込みます。このような決死の救助活動にもかかわらず、高砂丸の船員三人が犠牲となり、残念なことにヨハネス・クヌッセンの遺体も翌朝、日立郡日高町の田杭《たくい》海岸に漂着するのです。

ともに救助活動を行った船員の一人はクヌッセンの行動について、「何もためらうことなく、助けなければと、とっさに飛び込んだように見える。自分たちはただ祈るばかりだった」と証言しています（在デンマーク日本国大使館、二〇二〇年五月二十日のホームページ）。そこには、「デンマーク人と日本人共通のメンタリティーのひとつが『利他の精神』ではないか」という記述があります。

クヌッセンの死に、深い悲しみとともに感銘を受けた日高町の人々は供養碑を建て、今も献花や掃除を絶やすことがありません。二〇〇二年に日本と韓国で開催されたサッカーW杯の際、デンマークの代表チームが和歌山市でキャンプを行いましたが、これはクヌッセンと日高市の縁によるものです。クヌッセンは、このように日本とデンマークの人々をつなげる大きな役割を果たすことになりました。まさに偉大なる生涯だといえます。

「他の人の行くことを嫌うところへ行け」を実践した中村哲さん

米軍の空爆とイスラム過激派のテロで荒廃したアフガニスタンで、いのちを救う用水路を建設した中村哲さん（一九四六～二〇一九年）の愛読書で、洗礼を受けるきっかけともなったのが、内村鑑三の『後世への最大遺物　デンマルク国の話』（岩波書店、青空文庫）でした。「他の人の行くことを嫌うところへ行け」は、その著作で紹介された言葉です。「実に日本の武士のような生涯を送った」メリー・ライアン（米国）という教育者が、自分が受け持つクラスの女生徒に向けた言葉が、「他の人の行くことを嫌うところへ行け」だったと記されています。

中村さんは福岡県生まれ。火野葦平《ひのあしへい》（一九〇七～一九六〇年）の小説『花と龍』のモデルとなった玉井金五郎・マン夫妻の孫で、火野は伯父に当たります。高倉健さん主演で映画化されているので、ご覧になった方もいるかもしれません。このような血筋に育まれた胆力が、中村さんの「誰もが行きたがらぬところへ行く」という行動を支えたのでしょう。メリー・ライアンの言葉は、「他の人の嫌がることをなせ」と続きますが、これもまた中村さんが実践したところです。

西日本新聞の「中村哲がつくる平和」（二〇一四年十二月二十九～三十一日、二〇一五年一月一～三日）などを参照に、中村さんのいのち懸けの人道支援の経緯を少し追ってみます。

中村さんはミッションスクールの西南学院中学校に入学し、通った教会で藤井健児牧師と巡り会います。目が不自由ながら伝道活動に熱心に取り組む藤井牧師の姿に感銘を受け、医師を目指します。九州大学医学部卒業後は佐賀県や福岡県の病院に勤務し、一九八四年、日本キリスト教海外医療協力会からパキスタン北西部のペシャワルの病院に派遣されます。その後、アフガン難民の苦境を知り、両国で診療所を展開することになります。大きな転機になったのが、アフガニスタンを襲った大干ばつでした。

診療所にやってくるのは、乾きと飢えに苦しむ母子です。祖母マンの「率先して弱い者をかばえ」「どんな小さないのちも尊べ」という教えが、「自分の倫理観として根を張っている」という中村さんにとって、目の前で亡くなる子どもたちの現状から目を背けることはできません。飢えや病気の原因を断つため、中村さんは二〇〇〇年に井戸掘りを始め、二〇〇三年からは用水路の建設をスタートさせます。

その模様をテレビで見たことがありますが、中村さんは日当を支払った現地の人々と一緒に荒地を掘り続けるのです。土木の専門家ではありませんから独学で、時には古式の灌漑《かんがい》施設を作った日本人に教えを乞いながら、用水路を掘り続けました。二〇〇三年の着工から今日まで、用水路や旧排水路の延長は一〇〇キロ超、面積でいえば一万五千ヘクタールを超える砂漠や荒地を農地や林として蘇らせたのです。

「後世への最大遺物」は、アフガニスタンの未来を築く一助に

帰国した中村さんと、ある会合でご一緒したことがあります。残念ながら言葉を交わす機会はありませんでしたが、日焼けしたもの柔らかな笑顔を浮かべたお顔が強く印象に残っています。

中村さんの現地の活動（非政府組織ＰＭＳ＝平和医療団）を国内から支援するのが、「ペシャワール会」（福岡市）です。今は高校生などの参加も増え、会員数は二万六千人に達しました（「朝日新

聞デジタル」二〇二二年十二月五日)。

中村さんは現地に溶け込み、現地の人々とともに働き、将来はアフガンの人々が事業を引き継ぐための人材教育も欠かしませんでした。二〇一〇年には住民の要望を受け、用水路のそばにモスク(イスラム教の礼拝所)とマドラサ(イスラム神学校)を建てました。クリスチャンの中村さんですが、住民の信仰を尊重することに迷いはなかったようです。

中村さんの言葉を二つ紹介します。どちらも胸に響いてくる「遺言」と言ってもいいでしょう。

「唯一の譲れぬ一線は『現地の人々の立場に立ち、現地の文化や価値観を尊重し、現地のために働くこと』である」

「己が何のために生きているかと問うことは徒労である。人は人のために働いて支え合い、人のために死ぬ。そこに生じる喜怒哀楽に翻弄《ほんろう》されながらも、結局はそれ以上でもそれ以下でもない」

現地の人々に信頼され愛された中村さんですが、二〇一九年十二月四日、イスラム過激派の男たちに襲撃され、長年尽くしてくれた運転手のザイヌラさん、護衛スタッフとともに亡くなりました。銃撃されたあと運ばれた病院で中村さんは意識が遠のく中、「ザイヌラたちは大丈夫か?」と医師に尋ねたそうです(朝日新聞「記者サロン」二〇二三年四月四日)。

いかにも中村さんらしいエピソードです。「僕一人の命より、何十万のアフガン人の命の方が大事だと思っている」と、歌手の加藤登紀子さんに語っていますが（同「記者サロン」）、その覚悟に殉じた人生でした。しかし中村さんの遺志を継ぐアフガン人、日本人は数多くいます。イスラム主義勢力タリバンの暫定政府も中村さんの貢献を称《たた》え、「ナカムラ」という広場を整備したと言います。

内村鑑三の『後世への最大遺物』に触発され、あふれんばかりの利他心人生を歩んできた中村さんは、とてつもなく大きな遺物で未来に貢献してくれることになりました。

謙虚になることが、孤独から救われる道

第三章では、人と人とのつながりについて、いろいろな面から光を当ててきました。好きな人が差し出す塩は甘く、嫌いな人の差し出す砂糖は苦く感じる。このような感情に支配されることも多いのが人間関係で、こじれれば孤立し、さらに孤独に追い込まれたりもします。このような時、じつは謙虚になると闇の底に光が見えてきます。謙虚になることは簡単です。自分の力で、できないことを数えてみてください。その「できない率」は限りなく一〇〇パーセントに近くになるのではありませんか。そうすると、「好きな人は人生を豊かにしてくれる。嫌いな人は人生を充実させてくれる」ことに気づきます。

ヨブはようやく現れた神に問われ続け、ついに自分の無力と無知を知ることで救われました。

謙虚になったからです。私たちもほとんどが自分の手に負えないことを知ると、まわりの人に手を差し伸べ、「助けてほしい」と言えるようになります。

謙虚になったヨブは、友人を見捨てませんでした。それどころか友人を赦し、神の怒りを買った彼らのために、とりなしの祈りさえ捧げるのです。神はこんなヨブを非常に喜ばれ以前の倍以上の恵みを与えましたが、この恵みは大して重要なポイントではありません。ヨブ記が教えるのは、神の前に謙虚になる大切さです。

相手を憎んだり怒りを覚えたりするのは相手を殺すことと同じであり、だからこそ「モーセの十戒」でも禁じられています。相手に激しい感情が吹き荒れるようなことがあれば、どうかヨブの「赦し」と「友人のための祈り」を思い出してください。

いろいろな面から光を当ててきましたが、ここまできてもヨブが神に向けた「なぜ、こんな目にあわせるのですか」という問いに、答えは得られませんでした。もしかするとその答えは神に求めるのではなく、じつは私たち自身の裡《うち》に探さなければいけないのかもしれません。

第四章

生きているかぎり、何度でもやり直せる

私はあなたのことを耳で聞いていました。
しかし今、私の目があなたを見ました。
それで、私は自分を蔑み、悔いています。
ちりと灰の中で。

（ヨブ記四二章五〜六節）

「生かされている」ことを知れば、謙虚になる

神の創造の力を前に、ヨブはついに悔い改めます。自分には到底できないこと、知らないことが山ほどあり、自力で「生きている」のではなく、神に「生かされている」ことを知って謙虚になり、ヨブはそれまでの食ってかかるような態度を改めました。

私たちは自由意思で選んだ道を、後悔することがあります。しかし後悔の多くは、「悔いる」だけで終わってしまうのが常です。それに対しヨブの「悔い改め」は、これまでの考え方を捨て、全身を神に向けるという宣言でした。

私たちにとって、これまでの生き方を悔い改め、イエス・キリストの復活を信じる新しい人生を歩み出すことは人生にとって大変換であり、大事件です。しかし、神が求める悔い改めとは日常の生活習慣や行動を「信仰者らしく」変えることではありません。変えなければならないのは、基本的な物事の考え方です。第一に、「生かされているのだ」と心から認めることではないでしょうか。その立場に立つと、第三章で触れた「利他心」も自然に芽生えてきますし、「一日一生」や「毎日が命日」も、そうだったのかと合点がいくようになります。

ヨブはあるがままの自分を、神の前にさらけ出しました。それがあったからこそ、悔い改めも深いものになったようです。

苦しみは恵みへの道となるのか？　人は変わることができるのか？

病気の前より「幸せ」になり、自分が「好き」になった人たち

人が変わることは、簡単ではありません。強制や命令、あるいは恫喝《どうかつ》されても、人は心からの回心をすることはないでしょう。これはヨブを見ても明らかです。ヨブは神に屈服したのではなく、神が自分の苦難を背負ってくれる存在であることを理解し、自分の意思で変わったのです。その結果、ヨブには新しい長い人生が与えられました。

このような「変化」の機会は、じつは誰にでもあるわけではありません。しかし、がんや難病、苦難を背負うことになった人は、これまでの人生を変えるチャンスに恵まれているのですから、ある意味で幸運です。

各地のメディカル・カフェに参加してわかるのは、無条件な優しさを持っている人が多いことです。それぞれ、とても厳しい状況にありながらも誰かを責めることもせず、穏やかに立っている姿にはいつも私のほうが励まされています。自分がかけがえのない存在であるとともに、誰かにとってもかけがえのない存在となる。メディカル・カフェは、そんな人たちの集まりなのでしょう。

信じられないかもしれませんが、「本当にがんになってよかったと思っています」と発言される人も少なからずいます。強がりでもなんでもなく、それが本音であることは出席者にも私にもわかります。私が関わるがん哲学外来カフェに参加している女性の場合、乳がんという診断を受けた時真っ先に浮かんだ言葉が、「よし、もっと幸せになろう」です。このような人たちはもう、二度目の人生を生きていると言えるでしょう。

病気を「ひとつの出来事」と考えてしまう

病気はひとつの挫折かもしれませんが、病気を前にすると、「人生の生きがい」より「生きる意味」を考えるようになります。これがとても重要です。自分の隣にもう一人の自分がいる感覚、つまり自分を冷静に客観視する能力も芽生えます。「不幸がなければ幸福はない」「病気があるから健康がある」と、物事の価値観が相対的であることを知ると、社会への視野が広がります。そして、以前なら知り合うこともなかった人たちとつながり、励ましたり励まされたりする関係が築かれたりもします。このような人間関係こそ、人生の宝ものなのです。

病気を挫折の原因にするのではなく、難しいかもしれませんが「ひとつの出来事」にするような気持ちになれれば、「病気になっても病人にならない」生き方につながっていきます。それは、「病気になっても自由を失わない」ことです。自分を見つめる時間が増えると心も穏やかになり、人の悪口など馬鹿らしくて言わなくなります。物事を深く考えると、他人に優しくなります。その結果、新しい自分、生まれ変わった自分が姿を現すのです。

脳動脈奇形による脳出血で半身まひになった女性が、多くの人たちのサポートに支えられ、ついにホノルルマラソンに挑戦しました。二回目出場の二〇二二年十二月、その模様をライブ配信すると「自分も出場したい」というメッセージが数多く届いたそうです。今では、病気で失ったものより得たものが多いと感じ、「病気の前よりも、自分が好きになれました」と語ります（「朝日新聞」二〇二三年三月六日）。

自分のことが大好きな人が、自分を大切にしているとはかぎりません。「自分が好きになれました」という言葉は、じつは苦難を経験した人が口にする希望です。聖書には書かれていませんが、苦しみ抜いたヨブは神の前に悔い改めた時、なんとも言えないほどの幸福感に満たされたのではないでしょうか。

入院生活や在宅医療、施設医療には不自由さがつきまといますが、心は案外、自由かもしれません。自分がやりたいことをするのは、必ずしも自由とは限らない。それは、やりたいことしかやれない不自由につながるからです。

そのひと言が、人を悔い改めに導くことがある

ドイツの哲学者ヘーゲル（一七七〇～一八三一年）に、「ミネルヴァの梟《ふくろう》は暮れ染める黄昏《たそがれ》を待って飛び立つ」という言葉があります。「黄昏を待って飛び立つ」とは「物事が解決してから大

きな口を叩く」ことです。何事にも傍観者の立場であれこれと評論するという意味で、そこには先見性も創造性もありません。下手をすれば自分に対しても、「何をやっても変わらない」「自分は所詮この程度の人間だよ」「人のため？　そんな一文の得にもならないことに一生懸命になるのは馬鹿らしい」と、傍観者のような立場を「格好いい」と勘違いしている人もいます。しかもそれが、大切な個性だと言い張る人もいるので困ってしまいます。

私たちはやはり、傍観者にならない「朝方に舞い上がるミネルバの梟」でありたいものです。たとえ自分が亡くなったあとに花開くものでもかまわない、後世に生きる人々に何らかの貢献ができることを探しましょう。私は勝海舟、新渡戸稲造、内村鑑三、南原繁、矢内原忠雄の考え方、生き方に影響を受けています。彼らは「朝方に舞い上がるミネルバの梟」として、私だけではなく多くの日本人に金銭には代え難い「思想」「生き方」を残してくれました。しかし、彼らのような「偉大な遺物」でなくてもいいのです。

親の手に負えず家を飛び出した少年が入院中の祖父を見舞いに行って、人柄がガラリと変わりました。腎臓がんで月単位の余命宣告を受けていた祖父が小さな、しかし振り絞るような声で、「おまえは優しい人間だぞ。それを忘れるなよ」と話しかけてくれました。そんな評価を受けたのは初めてのことでしたが、少年は「うん」と頷き、その後は高校に復学し、大学にも進学したそうです。

この祖父のひと言が、少年の生き方を変えました。死を予感する中で、祖父は最後の大きな仕事をやってのけたわけです。「死ぬ」という仕事は、このように誰かに尽くすことでしか成り立ちません。そして少年の変化はこれまでの生活の反省でも後悔でもなく、悔い改めによるものと言えるでしょう。悔い改めとは、新しい希望を手にすることだからです。

「今日の私」は、「明日の私」ではない

「個性が何よりも大切症候群」にかかっている人たちが、この社会では多いようです。しかし個性とは他人にどう見られているかであり、他人との比較でしかありません。

競争社会にどっぷり浸かっていれば、個性的に生きたいのはよくわかります。しかし個性は、競争に勝つためだけにあるわけではありません。自分の意思として、「自らの強みを生かす」「自分の専門職を持つこと」であり、そして借り物ではない自分の懐中電灯を持つよう心がけてほしいのです。その懐中電灯で、足元を照らしてください。まわりは暗いですから、必要なものしか見えません。見えるものは何でしょうか？ 過剰な競争心、見栄や世間体、貪欲《どんよく》などですか？ それらは「なくてもよいもの」ですが、これに縛られることが多いのも現実です。反対に隣人愛や使命感、哲学など、「なくてはならないもの」を軽視しがちです。しかし後者こそ本物の個性と呼び、個性として輝けるものなのです。

仮の話ですが、無人島に漂着した赤ちゃんは、成長しても自分が善人なのか悪人なのか判断がつきません。まわりに誰もいないからです。同じようにどんな個性かどうかは自分ではなく、ま

わりの他人が決めること。人が判断するだけに日々移ろう実に頼りないもの、それが個性の実体です。だからこそつねに懐中電灯で足元を照らし、自分の原点を確かめておくことが肝心です。

私は病理学者として、がんをはじめとした細胞の観察をするのが仕事です。「なくてよいもの」にこだわる個性を絶対だとする風潮がありますが、どうしても反論したくなります。人間のほとんどの細胞は、毎日のように入れ替わっています。細胞学から見ると、「今日の私」は、「明日の私」ではありません。「人間は同じことでも一日として同じ考えをしない」と、ゲーテは書いています（ゲーテ生誕二五〇年記念特別出版『ゲーテ先生、生きる知恵を聞かせて』マンフレート・ヴォルフ編著、鳥影社）。つまり、個性も毎日のように変化をするのです。個性など、思い詰めて考えるほどのものではなく、妙にこだわりすぎると苦難や災厄、病気からの立ち直りの邪魔になります。

がんや難病でベッドに臥《ふ》せる時間が多くなると体力が落ち、健康な人には太刀打ちできなくなったりします。それを「口惜しい」などと思う必要は少しもありません。病気も個性のひとつだからです。前の章で書きましたが、クリスチャン作家の三浦綾子さん、遠藤周作さんの作品には長い療養生活から導かれたものが多く、それが読者の生き方にも影響を与えています。仰向けになった入院生活で、天井ばかりを撮り続けた写真家もいます。このように病気になっても、なったからこそ輝く個性や仕事があります。

ヨブ記を読むと、ヨブの感情や立ち位置が揺れ動いているように見えます。内村鑑三は、だからこそヨブ記には人間の血が通っていると評しました。ヨブの個性も時間の経過とともに変わっていきます。しかし最後に、「それで、私は自分を蔑み、悔いています。ちりと灰の中で」と告白します。ヨブの持った信仰という懐中電灯が、最も大切な神との関係を照らし出したとも言えそうです。

一歩前に出る決断があれば、人生は変わる

▼人の責任を問う前に、「自分の責任」だと手を挙げればいい

とてもよい傾向なのですが、家事は妻や母親の専売特許ではなくなりつつあります。妻が二～三日、検査入院した時、食事全般から家事まで担当した男性がいます。それまでは仕事にかまけて、家事といえば食器をシンク（流し台）に持っていくくらいの人でしたが、妻が不在の時スーパーに買い物に行き、スマホを見ながらクッキングすることの楽しさに気づきました。

「毎日の会社仕事とはちょっと違います。自分の責任で、想像力を存分に働かせないとやっていけないところが魅力ですね」

それは毎日やっていないからでしょうと、私は思わず口にしようとしましたが、「こんな楽し

い仕事を今まで妻に独占させていたなんて、ちょっと悔しい気分です」と彼が続けたので、黙り込んでしまいました。それでも私は半信半疑、彼の妻にしても「調子いいこと、言わないで」ということになるかもしれません。しかし、もしかすると夫は、妻の入院をきっかけに本当に「変身」した可能性はあります。

こんな話を聞いたことがあります。両親と中学生の息子の三人家族の間で起きた、ひとつの出来事です。夜遅くまでテレビで映画を観ていた父親が、カーペットの上に飲みかけのカップを置いたまま寝てしまいました。朝、ギリギリまで寝ていた息子がそのカップを蹴飛ばし、液体が飛び散ります。息子は父親に文句を言います。「自分で飲んだものくらい、ちゃんと片付けてよ」すると父親は妻に向かって、「朝起きて気づいたら、片付けておいてくれればいいじゃないか」と。すると妻は反論しながら、その矛先を息子にも向けます。「もっと早く起きなさいよ。落ち着きがないからこんなことになるのよ」

皆さんは、誰に過失があると思われますか。普通の感覚では夫になりますが、もしかすると、「いや妻や息子にも責任がある」とする見方もあるかと思います。はっきりしているのは、この三人は朝から少し不快な気分になったことです。それを防ぐには、誰かの責任を問うのではなく、「自分が悪かった」と先に手を挙げてしまえばいいのです。それが、一歩前に出る、踏み出すということです。こんな小さな一歩が、大きな変化につながっていきます。

赦された人は、赦す人になる

ヨブはお見舞いに来た三人の友人の正論すぎる正論に対し、反論するだけではなく「この連中は赦せない」という感情を煮えたぎらせたようにも見受けられます。友人たちも同じで、自分たちの言い分を全く認めないヨブに怒りをぶつけます。つまり彼らは、「殺し合い」を演じたわけです。しかし最後に神に赦されたヨブは友人たちを赦し、神との間を執りなすことさえ行います。

新約聖書の各書では、人間の罪がイエス・キリストの十字架の贖《あがな》い（犠牲）のおかげで赦されたことが明らかにされ、だから人の罪も赦しなさいと説かれています。しかし、「右の頰を打つ者には左の頰も向ける」（マタイの福音書五章三九節参照）ことは至難の業です。それでもイエスは私たちに、「和解」を求めています。

自分の悪口を言いふらしている人がいるとしましょう。反論したり逆襲したりしたくなるのも当然です。しかしそこで、一歩踏みとどまる。ある人は、「悪口は言っている人の問題で、自分とは関係ない」と割り切りますが、それができる人は数少ないでしょう。人間関係とはそんな簡単なものではないので、できれば和解したほうがいいに決まっています。どうするのか？　左頰を出すのです。その方法のひとつは、相手に気持ちのいい挨拶を送ることです。それも一回だけでなく、顔を合わせるたびに、時には追いかけて、あるいは回り込んででも、「おはようございます」「こんにちは」と、相手が変わることを期待しながら繰り返すのです。それが、一歩前に出るということです。

人間関係は最終的に、「来るものは拒まず、去る者は追わず」で対処することが一番と私は思っていますが、自分から関係を断ち切ることはせず相手が去っていくなら仕方がないと思い、それまではあきらめず手を差し伸べる努力を怠らないよう心がけています。第三章で、病室の話をしました。入院すると相性の悪い医師、看護師、患者さんと巡り会うことも少なくありません。挨拶しても挨拶を交わさない同室の患者さんにイライラすることもありますが、そんな時こそ挨拶を欠かさないようにしましょう。自分が相手より前に一歩踏み出すことで、少し時間がかかるかもしれませんが認め合う関係が築けるかもしれません。

歯を食いしばって、相手を褒め続けることは尊い

「相手のために歯を食いしばるなんて、とんでもない」と思われるかもしれませんが、人間関係は人生を左右するほどのものですから、ぜひ無理をしてください。歯を食いしばって相手を褒《ほ》め続けると、まず風貌が変わります。たとえば心の中に嫉妬心があると、それは相手が気づくほど顔に現れるものです。心底、相手を祝福するつもりで三分間褒め続けてみましょう。その想いは顔にも出て必ず相手に伝わります。

インドを拠点に貧しい人への奉仕活動に献身した修道女マザー・テレサ（一九一〇〜一九九七年）に、こんなエピソードがあります。テレサに砂糖を届けた四歳の子どもの話です。テレサや

貧しい人のために、その子どもは三日間砂糖を食べることを我慢して、その分を届けてくれました。貧しい中の非常に価値のある大きな奉仕です。

たしかにマザー・テレサは、「自分より他人を」と説き続けました。『マザー・テレサの祈り』(ドン・ボスコ社、一九九二年)には、以下のような祈りが紹介されています。

「ひまがなくなるとき
時間を割いてあげる相手に出会えますように。……
理解してもらいたいとき
理解してあげる相手に出会えますように。……
かまってもらいたいとき
かまってあげる相手に出会わせてください。
私が自分のことしか頭にないとき
私の関心が他人にも向きますように」

(「自分より他人を」より)

この祈りに導かれた子どものように、三日間とは言いません。まずは三分間の「犠牲」に努めてください。人を評価する時は、歯を食いしばって三分間褒め続け、決して非難はしない。そうすると次第に、自分も褒め続けてもらえるような人間に変われるから不思議です。これは損得の問題ではなく、「隣人を愛せよ」という聖書の言葉の実践なのです。

歯が浮くようなお世辞と違い、褒めるとは相手の存在を認めることです。「私はあなたが価値ある存在であることを知っている」というメッセージになります。

夫婦の乾いた心に愛を復活させた少年は、まるで天使のよう

地味ですが、心に余韻の残った映画『レールズ&タイズ』（米国、二〇〇七年）を紹介させてください。タイトルのレールは線路、タイズは枕木で絆を象徴しており、列車に乗り込む鉄道運転士（技術者）トム・スタークが主人公です。

看護師の妻メーガンはがんで余命宣告を受けて退職。今は自宅療養をしているのですが、トムは妻の病気に真正面から向き合おうとせず、夫婦の関係はギクシャクとしています。そんな時トムが乗り込んだ列車が踏切で、息子と無理心中を図る若い女性をはねてしまう事故が起きます。女性の十一歳になる息子デイビーは間一髪で車から逃れて助かり、そしてトム夫妻の家を訪ねてきます。ちょうどその日、「死ぬことより、自分の人生を悔いた」メーガンがひとり、サンフランシスコに旅立つことになっていました。

デイビーは強制的に預けられた里親の元から逃げてきたのですが、「あんたがママを殺した！」とトムを激しく責め立てます。メーガンはその様子を心配して旅立つことをやめ、「この子を家

に置いてほしい」とトムに頼み込みます。しかし、事故の審問を受ける者が当事者と接触することは会社の規定で禁じられていました。典型的な会社人間のトムでしたが、妻の頼みを聞き入れます。

三人の生活が始まり、子どもが欲しかったメーガンはデイビーと過ごす時間が楽しくてたまりません。トムも自分と同じように鉄道模型が大好きなデイビーを、次第に好きになっていきます。

トムが変わることで、一家に笑顔が戻ってきました。三人で買い物に行き、屋外レストランのテーブルに着いた時のこと。幸せそうな老夫婦やカップルがダンスをしているのを見て、トムは本当に久しぶりに妻をダンスに誘います。一曲終わったところでメーガンはデイビーを呼んで踊り始めます、まるで本物の母と息子のように。お互いの肩に顔を埋め合う二人の、何とも幸せそうな表情が心を打ちます。デイビーのおかげで、夫婦は忘れていた愛を取り戻すことになったわけです。しかし、メーガンには最期の時が迫っていました。トムは病院の待合室で、メーガンの病気と死期が近いことをデイビーに説明します。メーガンの希望で病院から帰宅したその夜、デイビーは自室で激しい発作に見舞われますが、それには理由がありました。

事故の日、デイビーは学校の先生に「母が死んだ」と嘘をつき、具合の悪そうな母親に付き添っていたのですが、その嘘のせいで母親が死んだと思い込んでおり、「僕が悪い子だからメーガンまで死ぬんだ」と泣き叫びます。トムはデイビーを強く抱きしめ、「おまえのせいではない」と何度も繰り返します。そして最期の時。メーガンはデイビーを枕元に呼び、「私はずっと一緒にいるから」と静かに伝えるのです。人間の愛と尊厳に満ちたシーンは胸に迫るものがあります。

「デイビーの養育権を取ってほしい」と望まれたトムは、「そのとおりにする」と約束します。エンディングは、トムとデイビーが手をつないで児童家庭局に向かうシーンでしたが、一緒にメーガンも歩いているような錯覚に襲われました。

映画はメーガンの病気そのものは深く描かず、デイビーの出現によって、短い期間ではあるものの三人が新しい人生を堪能する様子を通じて、「病気になっても病人にならない」生き方を静かに訴えているようです。その意味で、デイビーは大きな存在でした。多くのがん患者さんが「その後」の人生をたっぷりと味わうためには、やはり人の力が必要であることを痛感します。

変わるためには、捨てるものもある

波乱万丈の人生を送ってきたからこそ、神の愛に気づいた

コロナ禍を機に在宅ワークが認知され、都会から地方に移住する人が増えてきました。

便利な生活より、多少不便でも自然環境に恵まれた環境で、家族中心の生活を送る。薄れていた人間関係を、地域の方々との間で築く。時々、失敗例も報告されていますが、私からすれば、

それは失敗ではありません。しかし後悔するなら、それは失敗になります。これまで持っていた大切な何かを捨てて立ち向かう挑戦は、結果はどうであれ決断した段階ですでに成功したと言ってもいいでしょう。

極道から牧師になった方もいます。『人はかならず、やり直せる』（中経出版、二〇一〇年）を書いた進藤龍也さんです。進藤さんは収監された秋田刑務所内で、以下のようなみことばに触れ、生き方を大きく変えることになります。

「彼らにこう言え。『わたしは生きている――神である主のことば――わたしは決して悪しき者の死を喜ばない。悪しき者がその道から立ち返り、生きることを喜ぶ。立ち返れ。悪の道から立ち返れ。イスラエルの家よ、なぜ、あなたがたは死のうとするのか」（旧約聖書・エゼキエル書三三章一一節）

進藤さんは、このみことばに強い衝撃を受けます。あまりの嬉しさに、ばんざいをしながら「やった、やった」と、独房内で飛び跳ねました。その姿を想像すると、なんだか私まで嬉しくなってしまいますが、「私は神様に覚えられている。さらに私にやり直すことを望んでいる」という言葉には、深く頷きました。

二年四か月の懲役を終えて出所。しかしその朝、すでに組を脱退していたので誰の出迎えもなく、頼るのは母しかいません。埼玉県の実家に戻り、進藤さんは母に頭を下げるのです。「今までの親不孝をどうかお許しください。これからは真っ当な人生を歩みたいと思っています。あなたの息子であることに感謝しています」

母は、一体自分の息子に何が起きたのか、たいそう驚きながらも喜んでくれました。さらに近所の友人が集まり、鍋パーティーを開いてくれることに。「友の存在は本当にありがたかった」と、進藤さんは語ります。

その後、シロアムキリスト教会の鈴木啓之牧師のサポートで神学校に入り、牧師の道を歩むことになります。この間さまざまな人と巡り合い、力をもらっています。元ヤクザの伝道師や心ある牧師、「信仰は長さではなくて深さだから」と声をかけてくれた神学校の同級生、そして教会を訪ねてくれた元妻と子ども。

進藤さんに言わせると、クリスチャンとヤクザの共通点とはお互いに兄弟（姉妹）と呼び合うこと。神様＝親分の言うことは絶対であること。義理堅いところ、だそうです。

今は「罪人の友　主イエス・キリスト教会」（埼玉県川口市）を主宰し、刑務所伝道にも力を注いでいます。

進藤さんの言葉をいくつか紹介しておきます。

「罪の増すところに恵みも増す。多くを赦されたものは多くを愛す」

「命に関わるような病気でも、それは敗北ではない」

「神様に愛されていることを知ると自分が好きになる。自分が好きだから神様を愛するのではない」

進藤さんは捨てたものより、はるかに多くのものを授かったようです。

人間相手の時間を削って自然の中へ

健康な人にも病気の人にも、人間関係は付きまといます。哲学外来や個人面談でも、人間関係や家族関係の悩みを語る方が少なくありません。生きていくうえで、人の力は絶対不可欠であるだけに、こじれると心が痛めつけられることにもなります。残念ながら生きる意味は自分の中ではなく、外、つまり人との関係で実現するものだけに、さまざまな苦悩の原因の種には事欠くことがありません。

人間関係がわずらわしくなったら、時には短期間でも断ち切ることもひとつの手です。

池田雅子さんのお話は、その参考になるかと思います。池田さんは、長野県木島平村で極力生態系を守るカヤノ平のブナ林で案内人をしています。以前、池田さんは慢性疲労症候群という病に悩まされていましたが、案内人をするようになってから元気を取り戻したようです。森の自然と出会えたことに感謝し、その森を守り続けることを決意しています。

「人間は自然界に良かれと思って、他所の土地から他の植物、などを持ってきます。その事により知らないうちに生態系を破壊するということをやってしまいます。また今現在、温暖化などの環境の変化により、森林が絶えることが出来ない（土砂崩れなど）ほどの異常気象が起きています。それを防ぐ意味でも私たちも二酸化炭素排出量を増やさないよう一人一人が努力していく

必要もあります」(池田さん)

私たちは神が築いた自然から、さまざまな恩恵を受けています。それも一方的に。生きるための酸素だけでなく食べ物や水、それに「癒やす力」さえも授かっているのです。木はどこか生命を感じさせるところがあります。前出の『夜と霧』の中に、数日中に死ぬことを知っている若い女性の言葉が書かれていますが、それは人間として尊厳に満ちたものです。

悲惨な運命にありながら、その女性は次のように言うのです。

「運命に感謝しています。だって、わたしをこんなにひどい目にあわせてくれたんですもの」

「以前、なに不自由なく暮らしていたとき、わたしはすっかり甘やかされて、精神がどうこうなんて、まじめに考えたことがありませんでした」

そして一本の木に、想いを託します。

「あの木が、ひとりぼっちのわたしの、たったひとりのお友だちなんです」

「あの木とよくおしゃべりをするんです」

「木はこういうんです。わたしはここにいるよ、わたしは、ここに、いるよ、わたしは命、永遠の命だって……」

人間や自分に失望した時、人生にひと休みしたい時、人間相手の時間を捨てて自然という懐《ふところ》に飛び込み、抱きしめてもらいましょう。自然とは神が人間のために用意してくれた「秩序」で、愛に満ちあふれているからです。

病理学者は林や木を見て、木の皮や葉の紋様まで観察する

人間はそう簡単に生き方や考えを変えられないものですが、自分の意思によって変わった人も多いことを多くの事例から見てきました。キリスト教の世界で言えば、最も印象的な悔い改めと回心を実行したのがパウロ（最後はローマで殉教）ですが、十二使徒と呼ばれる最初の弟子たちもそれぞれの「今」を捨てて、新しい「明日」に向かった人たちです。

ペテロ（シモン）、アンデレ、ヤコブ、ヨハネ、ピリポはガリラヤ湖で魚を獲る漁師、マタイはローマ帝国の手先としてユダヤ社会から嫌われ者の取税人、ローマ帝国に抵抗する革命家のシモン、イエスを売ったユダは一説によると新興の商人でした。それなりの生活を送っていた彼らが、イエスの「弟子になりなさい」という言葉に迷うことなく従います。イエスが彼らを選んだ基準、彼らが弟子になった理由は聖書を読むかぎりはっきりとはわかりません。

自死したユダ、島流しにあったヨハネを除くすべての使徒が、それぞれの伝道の場所で殉教を遂げたと言われています。「変わったことで不幸になった」のではなく、いのちより大切な伝道活動を貫くことで、彼らは偉大な「遺物」を後世に伝えてくれたのです。偉大なる人生を生き抜いた人たちでした。

悪名高いユダにしても、「裏切り者！」というレッテルを張るばかりでいいのでしょうか。聖書の専門家がさまざまに論じているので、このようなことを書くと批判されるかもしれませんが、

新渡戸稲造は「人間は自分の棲家《すみか》だけで論じている。それを空から俯瞰する。これが向上心である」と説いています。これは、「木を見て森を見ず」「森を見て木を見ず」という格言に通じるものがあります。赦されないユダを赦すところに、イエスが説いた愛の真髄があるように思います。

病理学は「森と木」どころか、「木の皮や葉の紋様」まで観察する学問です。私は低倍率から高倍率の顕微鏡を通して細胞を観察し、診断する生活を長く送ってきただけに、たとえば「ユダの裏切り」にしても、それを俯瞰したり拡大したりして考えます。そしてユダの裏切りの動機が、私の顕微鏡ではどうしてもぼやけて見えるのです。一説によれば、ユダはイエスを中心とする集団の会計を担当しており、不正を行っていたため裏切りに転じたとも言われます。しかし、パリサイ派の激しい弾圧を前にいのち懸けでイエスの弟子になったユダが、そんな細かい不正をしたとはちょっと考えにくいところがあります。

裏切りという点では、イエスの十字架を前に使徒を含めほとんどの弟子、信者たちが逃散しています。これも明らかに裏切りです。レンズをもっと引き寄せると、そこには自分の姿がくっきりと見えてきます。私も彼らと同じように振る舞うことを、イエスは見抜いているかのようです。しかしイエスはその裏切りを一切責めることはなく、逃散した人たちを再び深い愛で受け入れてくれました。

「人を裁いてはいけない。裁きは神が行うものだ」と、私は肝《きも》に銘じています。

ヨブの三人の友人、それに若い仲介者のエリフも、結果的にヨブを裁いているように見えます。まるで、神にでもなったような振る舞いではないでしょうか。それに対しヨブは、神にすがりつきました。「お声をかけてください」「お姿をお見せください」と必死に助けを求めたのです。

ここにはもう、「こんな目にあうのは、なぜですか」の「なぜ」が消えています。悔い改めとは希望です。ヨブには苦難の果てに、神に向かって本気で歩む希望が生まれました。私たちは、自分の苦難の理由を神に問うのではなく、「なぜ自分は、そのような問いかけをするのだろうか」と、自分を改めて見つめることがいいのかもしれません。

第五章

「生きる力」は「死ぬ力」が支えている

なぜ、あなたは私を母の胎から出されたのですか。私が息絶えていたなら、だれの目にも留まらなかったでしょう。（ヨブ記一〇章一八節）

私の生きる日はわずかなのですか。それならやめてください。私にかまわないでください。私はわずかでも明るくふるまいたいのです。（同二〇節）

生と死を、自分勝手に扱うことはできない

神に訴える数々の言葉の中で、ヨブは「死」や「死後」について度々触れています。右ページのような嘆きとともに、死後（陰府《よみ》の世界）については「再び帰って来れなくなる、暗闇のように真っ暗な地」（ヨブ記一〇章二一節参照）と定める一方で、「かしこでは、悪しき者は荒れ狂うのをやめ、かしこでは、力の萎えた者は憩い、捕らわれ人たちもみな、ともに安らかで、激しく追い立てる者の声も聞こえない。かしこでは、下の者も上の者も同じで、奴隷も主人から解き放たれている」（同三章一七～一九節）とも語ります。

ヨブは死が早く訪れることを望んだりもしますが、神の存在を疑うことはありませんでした。それでも、「あなたの手が私をかたどり、私を造られました。それなのに、私を滅ぼし尽くそうとされます」（同一〇章八節）と神を詰問するのです。神を信じながら、神に捨てられたと思うヨブに必要なのは、心の底からの同情と一途な励ましでした。

私たちは授かったいのちを自由気ままに扱うことは許されず、寿命をコントロールもできない宿命を負っています。長く生きるのは、それだけ死と向き合う時間も増えるわけですから、大変といえば大変です。私は病理学者として、死から生を考える視点が身についています。死ぬことは生きること、生きることは死ぬこと。この二つは一対であると、ヨブ記は教えているように思えます。

死は誰に対しても平等だが、寿命は自由にならない

▼いかつい世相に巻き込まれないために、寛容の心を忘れない

日本人の平均寿命は女性が八十六・九歳（世界一位）、男性が八十一・五歳（世界二位）となっています（WHO・世界保健統計二〇二二年版）。〝人生百年時代〟はもはやキャッチフレーズではなく、現実のものになりそうな気配です。こんな超高齢社会を前に、「若い世代の負担を減らすために、高齢者は集団自決せよ」みたいな過激な主張をした経済学者がいました。高齢者を卑下するような主張を繰り返す人もいます。

これらは人生を長い目で見られず、死を真剣に見つめたこともなく、他人への思いやりを忘れた人たちの意見でしょう。作者不詳ですが、次のような言葉を返しておきます。「子ども叱るな、いつか来た道。年寄り笑うな、いつか行く道。」これで十分です。

寿命というものは自由になりません。百二十歳まで生きたいと思っても早死する場合があれば、仕事ができなくなり仮にそれが七十歳として、そこで寿命が尽きてもかまわないという人が百歳まで生きることもある。共通するのは、誰でもいつかは間違いなく寿命が尽きるということです。

そういう意味で死は誰にも平等ですが、前記のように、「自分が死ぬ」ことを真剣に考えない人

が多いことが残念です。

私たちの人生のいろいろな場面で巡り合う「偶然」は、必ずしも平等ではありません。すぐ前を歩いていた人が、ビルの工事現場から落ちてきた鉄塊で亡くなるような非情な偶然と付き合っていかなければならない。鉄塊は自分の頭上に落ちてくるかもしれないからです。このように寿命は、私たちの自由にならないものなのです。

ACジャパンのテレビCMで、心がほっこりする映像がありました。コンビニのレジで会計にもたつき、「ごめんなさいね」と謝るおばあさんに、後ろからいかつい男（ラッパーの呂布《りょふ》カルマさん）が、こう呼びかけるのです。「もしかして焦ってんのかおばあさん／誰も怒ってなんかない／アンタのペースでいいんだ／何も気にするな」。これを寛容ラップと言うそうですが、いかつい世相の中だからこそ、こんな寛容なやさしさが嬉しくなります。

歳を取るとは、若さを積み上げるものだという自負は必要ですが、偏屈にならないようにしたいものです。自分が寛容の心を忘れてしまっては、まわりからの寛容に気づかなくなってしまいます。電車の中で席を譲られたら、「ありがとう」とお礼を述べて座る余裕を持ちましょう。変に遠慮して、善意の相手に気まずい思いをさせないこと。それも寛容の心のひとつのように思います。

病気がどんなに苦しくとも、失望で押しとどめる

ヨブは皮膚の悪性の腫瘍に、死にたくなるほどの苦しみを味わいます。「私は横になるときに言う。『いつ起き上がれるだろうか』と。夜は長く、私は夜明けまで寝返りを打ち続ける。私の肉は、うじ虫と土くれをまとい、皮膚は固まっては、また崩れる。私の日々は機《はた》の杼《ひ》よりも速く、望みのないままに終わる」（ヨブ記七章四～六節）

厳しい状況ですが、このような時でも望みを断つ絶望ではなく、望みを失う「失望」の線で何とか持ちこたえたいものです。失ったものであれば、いつか取り返せるからです。ヨブは踏みとどまりました。神に失望を覚えながらも、「神が自分にこんな目にあわせるはずがない」という確信があったからです。ヨブに限らず自分の生き方に確信を持っている人は、絶望に陥ることがありません。

建築家の安藤忠雄さんは二〇〇九年と二〇一四年にがんが見つかり、胆嚢《たんのう》、胆管、十二指腸、膵《すい》臓、脾《ひ》臓を全摘しましたが、その後も仕事パワー全開の活躍をされています。がんと向き合い続けてきた人だけに、次のようなお言葉には納得させられます。

「五臓がないなら、ないように生きる」

私は常々、「これからは天寿がん」の時代だと言っています。がんになってもがんと共存し、天寿を全うする。平均寿命の前後であれば天寿と言えるでしょうが、これを叶えるには医療技

術・体制のサポートとともに、患者さんの意思の力も必要です。

そのモデルみたいな人がいます。がんになって五十年、八十三歳の明路《めいじ》英雄さんです（「朝日新聞」二〇二三年二月四日「ひと」欄など参照）。

三十二歳で甲状腺がん、五十代で肝臓がんが見つかり、七十五歳で肝臓摘出するなど、七度の手術と入院を繰り返して現在があります。会社を合計二年間休職していますが、自分のがん体験を話題にして仕事に結びつけるなど、前向きな人生には頭が下がります。「癌克王《がんこくおう》」とも呼ばれる明路さんのまわりには、がんの患者さんが自然に集まってきます。

一九八五年、米国・シアトルから始まり、日本でも行われるようになった「がん征圧・患者支援チャリティ活動リレー・フォー・ライフ」の活動にも参加し、「一緒にがんに負けない社会を作りましょう」「がんと闘う力は人とのつながり」と訴え、「絶対にあきらめない。気持ちで負けないことが大事です」と呼びかけます。

このように書いているだけで、何だか力がもらえる人です。

たしなみを持った生き方が、心を豊かにする

第一章で、入院した病院の医師、看護師、介護職に愛された患者さんのお話を紹介しました。意思をはっきりと伝える、非常に礼儀正しい女性だったそうです。食事のマナーもしっかり守り、清掃のスタッフにも必ず声をかける女性でした。このお話を聞いた時、私は新渡戸稲造の言葉を

思い出しました。

「人が見ていないところで、ちゃんとした振る舞いをしなさい」は新渡戸稲造の『武士道』(岩波書店)にある教えですが、『逆境を越えてゆく者へ』(実業之日本社、二〇一一年)では、「人が注意を払わないような些細なことでも、気を付けていれば継続心を磨く材料になる。『ここだな』という観念に気が付かずに見過ごしてしまうような小さな行いの中にも、偉大な原則が含まれている」とも書いています。

それらの言葉には、武士としての「たしなみ」が息づいているように思いますが、もっと普遍的なものと考えてもいいでしょう。私は今、恵泉《けいせん》女学園の理事長を務めていますが、この学校の創始者河井道《かわいみち》(一八七七〜一九五三年)は、新渡戸稲造夫妻に伴われて渡米、プリンマー大学を卒業して帰国、女子英学塾(津田英学塾)の教授を経て一九二九年、恵泉女学園を開校します。その河井が学生に向けた戒めの言葉が、これです。


「人は一人で食事をする時も、決して佃煮や漬物だけでそそくさと食べてはならない」

(三浦綾子『細川ガラシャ夫人(下)』「終りに」より。新潮社、一九八六年)


誰も見ていなくても、食事への感謝とたしなみを忘れない。それは河井道の生き方そのものだったのでしょう。そのたしなみは自分に対する礼儀や礼節ですが、もちろんそれは他人にも向けられているものです。

ドイツの大哲学者イマヌエル・カント（一七二四〜一八〇四年）は、往診を依頼した医師をベッドから起きてドアまで出向き、送迎したそうです。礼儀や礼節は年上・年下、上司・部下、医師・患者、有名・無名などとは関係なく、それぞれ個性の異なる人間同士がスムーズに付き合える知恵のようなものです。保身的な忖度《そんたく》ではなく、お互いに尊敬し合う関係は礼儀や礼節なしに築くことはできません。

ＷＢＣ（ワールド・ベースボール・クラシック）で大活躍した大谷翔平選手。プロ野球の審判員を二十九年、通算二千四百十四試合を裁いた佐々木昌信さんが、日本ハム時代の大谷選手について興味深い話を披露しています（「文春オンライン」二〇二三年三月十一日「プロ野球　元審判は知っている」より）。選手は第一打席に入る際、球審に「こんにちは」「お願いします」と声をかけます。しかし大谷選手は必ず球審の名前を付けて挨拶することに、佐々木さんは感銘を受けたそうです。このように審判へのリスペクトを込めた振る舞いには、大谷選手の人間性、たしなみが感じられます。

新渡戸稲造の言葉に、「優雅な感情を養うと、他人の苦痛に対する思いやりを生む。他人の感情を尊敬することから生じる謙遜・慇懃の心は礼の根本をなす」とありますが、優雅な感情とは、たしなみを指すのではないかと私は思っています。

無用の用という言葉があります。役に立たなそうに見えるものが、じつは大きな役割を果たしているという意味で、たしなみや礼儀、礼節はその代表的なものです。そしてこのたしなみが、人生とその最期に品性をもたらします。

「老い心地」をよくするには、自分事より他人事に目を向ける

人生を完成させる年齢になっても、歩みを止めない

高齢者には、三つのタイプがあるそうです。「まだ若い人」「昔若かった人」「一度も若かったことがない人」ですが、「六十歳を過ぎたら、あとは人生の下り道を降りていくだけ」などとは思わないでください。内村鑑三が説いた「一日一生」とは、一日ごとに新しい一生を生きようということです。たとえば五十九歳最後の日と六十歳最初の日の間はつながっているのではなく、それぞれ独立した一日なのです。何歳であってもつねに、「今」が自分の人生のピークだと考えましょう。

七十歳を越えてなお、「社会のために役立つことをしたい」と思う人も少なからずいます。その一人、モリー・シュワルツ先生（米国人）を紹介します。

スポーツコラムニストとして活躍するミッチ・アルボム（三十七歳）は偶然、テレビで大学時

代の恩師、モリー先生を見かけます。十六年ぶりに恩師を訪ねるミッチですが、先生は難病ALS（筋萎縮性側索硬化症）に侵され、余命は二年と宣告された状態にありました。しかし身体は日々衰えていくものの、その運命に翻弄《ほんろう》されない強さを持った人でした。

再会を機に毎週火曜日、モリー先生とミッチの教科書のない「人生授業」が始まり、その様子をまとめたのが『モリー先生との火曜日』（NHK出版、普及版、二〇〇四年）というノンフィクションです。モリー先生は社会学の名物教授で、自分や人間を見つめる目には澱《よど》みも歪《ゆが》みもありません。ミッチが録音で書き留めたモリー先生の言葉は実に含蓄《がんちく》に富んでいて、私は一気に読み終えました。それは本書の序盤でモリーがミッチに、「憐れむより、君が抱えている問題を話してくれないか」と、病気であっても人に尽くそうとする姿勢に強い共感を覚えたからです。

コラムニストとして大成功をおさめたミッチですが、いくら資産が増え大きな家を建てても満たされないものがありました。その悩みをモリー先生に聞いてもらえることに喜びを感じるミッチにとって、人生授業は欠かすことのできない大切な時間となっていきます。

モリー先生は齢を重ねることについて、ミッチに次のように語ります。

「私は老化をありがたく受け入れる」「老化はただの衰弱じゃない。成長なんだ。やがて死ぬのはただのマイナスとは片づけられない。やがて死ぬことを理解するのは、そしてそれによってよりよい人生を生きるのは、プラスでもあるわけだ」

「人生のはじめ、子どものときには生きていくのにほかの人が必要だろう？　人生の終わりにも、私のようになれば、生きていくのに他の人が必要だろう?」「しかし、これが大事なところで、その中間でもやっぱりほかの人が必要なんだよ」

老いや死を真剣に考えていけば、このような境地に達するのでしょうか。聖書にも次のような言葉があります。

「あなたがたが年をとっても、わたしは同じようにする。あなたがたが白髪になっても、わたしは背負う。わたしはそうしてきたのだ。わたしは運ぶ。背負って救い出す」

(イザヤ書四六章四節)

「ですから、私たちは落胆しません。たとえ私たちの外なる人は衰えても、内なる人は日々新たにされています」

(コリント人への手紙第二、四章一六節)

年老いても神が背負ってくれる。だから私たちは見かけが衰えても、日々成長していくことができる意味だと、私は受け止めています。

若い人には若い人の、七十歳には七十歳の役割がある

私が生まれた島根県出雲市大社町鵜峠は、日本海に面した人口三十七人という小さな村でした。子どもの頃、海沿いで一人遊んでいると、いつもお年寄りの視線を感じていました。事故にあわ

ないようさりげなく「監視」をしてくれていたのですが、それが私の提唱する「偉大なるお節介」の原点です。

私は米国で学び、癌研究会や順天堂大学医学部で教え、病理検査に勤《いそ》しみ、二〇〇八年には順天堂大学医学部附属順天堂医院に「がん哲学外来」を創設しました。歩んできた年代、場所、仕事に、それぞれの「樋野興夫」がいます。読者の皆さんも同じで、年齢によって居場所や考えが変わったりしますが、それらすべてがモザイク細工のようにまとまって今があります。

私もいよいよ七十歳を目前にしていますが、現在までの私が混ざり合っています。いつでも少年時代、京都時代、米国時代、壮年時代の私に戻っていくことができるのです。富士山を見て感動する時、そこには少年の私がいるというわけです。

三浦綾子さんに、印象的な言葉があります。

「今日私は六十九歳となりました。しかし、六十歳代の日々が、二十歳代の日々よりも、幸せが薄いとは思いません。六十歳代には六十歳代の恵みが、豊かにあることを覚えて感謝します。朝日も美しいけれど、夕日もまた美しいのです」

（『祈りの風景』日本基督教団出版局、一九九一年）

高齢者になったら、経験だけで語りかけることはやめましょう。「あの頃はよかった」は、「私の人生は寂しかった」と言っているようなものです。若い世代は将来に不安を抱き、病気の人はいのちのはかなさに心が揺れ動いています。高齢者は迷いを振り切った覚悟の言葉を伝え、まわりの人たちの悩みに耳を傾け、人生の先輩としての知恵を紹介することで、下の世代に貢献できます。六十歳をすぎたら「自分事」よりも「他人事」に力を尽くす。少なくとも尽くすように努めましょう。そうすれば下の世代から、「ああ、こんな高齢者になってみたいな」と思われることになります。これが理想です。

「予定」がなくなると、心が萎んでいく

齢を重ねると、月日の流れがどんどん速くなります。子どもの頃は毎日のように未知の出来事が次々と現れ、「心の時計」は細かく刻まれます。だから時間がゆっくり進むように感じられる。それに対し、大人や高齢者になると経験済みのことばかりで、「心の時計」は緩慢になり、反対に実際の時間の流れが速く感じるようになるそうです。これを実感されている方も多いのではないでしょうか。

私はメディカル・カフェの集まりでお話をする時、「皆さん、よくいらっしゃいました。遠くから足を運ばれた方もいるでしょうが、予定があることは幸せなんですよ」と語りかけることがあります。実際、骨髄性白血病の放射線治療を定期的に受けている七十代の女性が、「一か月に一回のメディカル・カフェに出席することが、大きな励みになっています」と語っていました。

予定は、どんどん作りましょう。出歩くのが大変な方であれば、読む本、観たい映画などの日程を組んで実行してください。齢を重ねると減ってくるものが、「人と会う」「行きたいところに行く」「嬉しくなることをやる」「美味しいものを食べる」ことなどです。お金をかけられる範囲で、自分のわがままを押し通してはいかがでしょうか。

行動すれば、必ず何らかの発見があり刺激も受けるので、時間がゆっくりと過ぎるようになります。前出のモリー先生は外出どころか寝返りもままならない状態ですが、毎日のように人が訪れる予定でいっぱいです。しかも毎週火曜日には、ミッチとの授業があるわけです。

人との付き合いが億劫になったら、無理をしてでも人に会いに行く

高齢の方とお話ししていると、「最近は人と会うのが面倒くさくなりました」という言葉をよく聞きます。人生の後半になると思い込みが激しくなり、相手の立場や場の雰囲気に無頓着になることが多くなるようです。これは年齢に関係なく思いやりに欠ける振る舞いですが、もはや「失うものはない」年齢になると自分を抑えることが億劫《おっくう》になり、人と会うことに二の足を踏むようになるのかもしれません。しかし、そんな時こそ人に会いに行きましょう。家に閉じこもっていては、心身が衰えるばかりです。

私は人と会うことが好きなので、各地のメディカル・カフェや講演の際、コロナ禍ではオンラインも多少は利用しましたが、基本的には対面で行うことをお願いしました。人は場所を移動す

ることが、意外に大切です。そしてお互いに寄り集まり、同じ空間で時間を過ごすコミュニケーションは、オンラインでは得られない濃密さがあります。もちろん体が不自由な方、入院生活を送っている方であれば、オンラインで外とつながるのが有意義であることは間違いありません。

高齢の方が病院やクリニックに頻繁に行くことを批判する向きもあるようですが、必要がある場合は遠慮など無用です。どんどん行きましょう。病気がちの同輩と話し、黙って見ているだけでもOKです。病気を治療するだけでなく、仲間がいる場所はそれだけで大きな励ましにもなるからです。もちろん、病院ではなく公園や映画館などどこでも構いません。そこにいて自分が不愉快にならない場所、一時間ひとりでいて苦痛にならない場所を探して出かけて行く。そんな居場所が必要です。

「いい覚悟」は、最期に最も美しく輝く

▼最期の一日をどう過ごすか、時には考えてみませんか？

私の著書『明日この世を去るとしても、今日の花に水をあげなさい』（幻冬舎、二〇一五年）のタイトルは、宗教革命を主導した一人マルティン・ルター（一四八三〜一五四六年、ドイツの神学

者・牧師）が言ったとされる言葉を私なりにアレンジしたものですが、そこには次のような意味を込めました。「いのちは大切だが、いのちが一番」とは考えないほうがいい。いのちが尊いことは確かですが、「自分のいのちよりも大切なものがある」と思ったほうが、私たちは幸せな人生を送ることができるようです。「いのちが何よりも大切」と考えてしまうと、死はネガティブなもの（いのちの敵）になり、ある時を境に死におびえて生きることになります。

いのちよりも大切なものを見つけるために、自分以外のもの、内から外に関心を向けてください。あなたに与えられた人生の役割や使命が見えてくるでしょう。そうして見つけた役割や使命を人生最後の瞬間までまっとうする。つまり、明日この世を去るとしても、今日の花に水をあげるのです。

私の最期の一日は、「種を蒔《ま》いた花木に水をやる」ことになるでしょう。それが言葉になるのか振る舞いになるのかは、今のところわかりません。結局は、後世の方々の評価にお任せすることになります。

前出のモリー先生は、「はやばやとあきらめるな。いつまでもしがみつくな」と、自分のいのちに呼びかけます。そして愛すべき教え子であるミッチに語ります。「（死ぬ前に）自分を許せ。人を許せ」「待ってはいられないよ」と。最後の二十四時間をどう過ごすかと問われると、「朝起きて、……（好きなダンスを）くたくたになるまで踊る。そしてうちへ帰って眠る。ぐっすりとね」と答えます。

モリー先生はミッチをはじめ多くの教え子に、実に多彩で貴重な種を蒔いてこの世を去りました。自分に与えられた使命、役割を全うした偉大なる生涯でした。

志の高い人の死はそこで終わらず、後世につながっていく

天寿がんの「創始者」である北川知行《ともゆき》先生（がん研究所名誉所長）のことを紹介させてください。北川先生は一九三六年生まれで、日本のがん治療の先駆者の一人と言っていい存在です。以下は、その北川先生からお聞きした話です。

一九六八年、北川先生は九十八歳男性の「特志解剖」を行いました。当時、東大医学部では自ら希望して病理解剖に同意された場合、特志解剖と呼んでいました。この方は生来健康で医師のお世話になったことがなく、この年齢まで頭脳明晰で体もよく動いていたそうです。しかし、亡くなる三か月前から食が細くなり、次第に衰弱し、ご本人もご家族も「大往生」と喜ぶ中で安らかに亡くなりました。亡くなる前、往診の医師に「自分の体には健康長寿の秘訣が宿っていると思うので、死後、大学に運んで解剖し、それを明らかにして医学の進歩に役立ててほしい」と遺言しました。

解剖したところ、胃の幽門部と噴門部にそれぞれ十センチ大の胃がんがありました。噴門部のがんによる食道出口の狭窄《きょうさく》が死因です。北川先生はこの時、「こんな死に方なら、がんで死ぬのも悪くないな」と強く思ったそうです。この方は、「天寿がん」第一号となり大きく世の中に貢

献されたとして、「常に本名を記してその名誉を讃えている」（北川先生）と教わりました。

いまだに病理解剖を嫌がるご家族が多い中で、「医学の進歩に役立ててほしい」という遺言を残した男性の志の高さと、それをしっかり受け止めた北川先生の姿勢に私も触発され、天寿がんの考え方を広めていかなければならないと決意したのでした。

誰でも、畳一枚の上で死んでいく運命を背負っている

自宅であれ病院であれ、最期の時はせいぜい畳一枚分のスペースがあれば十分です。右記の男性のように幸せな大往生をとげる場合も、家族から見放され病院のベッドで息を引き取る孤独な人も、そのスペースはほぼ同じです。何だか空《むな》しくもなりますが、知り合いの僧侶がこんなことを言っていました。「あの世には何も持っていけない。その証拠に死に装束にはポケットがありませんから」と。では、何を持っていけるのでしょうか。「利他の心で身につけた徳です」という答えに、私は合点がいきました。人生ではいろいろなものを与えられますが、自分が与えたものにこそ価値があり、それが徳だと思っているからです。新渡戸稲造は著書『武士道』の中で、「徳は伝染的である」と評しています。徳は人から人へと伝染し、人をつなげる役割を持っているのです。

聖書にも、「天に宝を蓄える」という言葉があります。自分の持っているものは神から与えられたものであり、独占することなく隣人に分け与えることを指します。これが聖書における

「徳」と言えるかもしれません。

今から二十数年前、介護保険制度が始まる前のこと。脳梗塞から認知症になった父親を、総合病院に併設された「老人病院」に託した息子さんがいます。母親は病死しており、息子さん夫婦で二十四時間介護を自宅で行っていたのですが、症状が悪化したため老人病院を頼ることになりました。健康保険が一部不適用ということで医療費・入院費はかなりの金額になりましたが、「いざとなれば自宅を売ればいい」と腹を括《くく》ったほどですから、親孝行の夫婦とは言えます。

ある日のこと、老人病院の主治医から「すぐ来院してほしい」という緊急の電話が入りました。

「危ないですか？」

「いいえ、ちょっとご相談したいことがあります」

仕事を休んで病院に駆けつけ主治医に面談したところ、彼女から父親の糖尿病が悪化したため足の切断が必要になったことを告げられます。「私は患者さんの年齢を考え手術には反対ですが、総合病院の担当医はいのちを少しでも長らえるため手術を提案しています。二人で何回も議論を重ねましたが、結論が出ませんでした。そこで大変申し訳ないのですが、息子さんにご判断をいただきたいということになりました」と言います。しかし、医療の専門家ではない男性に即答できるはずもありません。

高台にある病院の庭園のベンチで、男性は昼食も抜いてあれこれと自問自答を繰り返しました。父とはいえひとつのいのちを自分が抱え込み、生死の結論など出していいのか。しかし、手術をしなければ二〜三日で亡くなる、すれば三か月以上は生きていられる。これでは、悩むのも当然です。そして富士山や丹沢山塊が夕闇に染まる頃、男性は子どものように泣きじゃくりながら、「手術をしない」という結論を出し、主治医に伝えました。

この父親の人生の詳しいことはわかりませんが、息子に「死」を考えさせ、一日がかりの苦しい決断をさせるという貴重な経験を与えました。それだけで十分に意味のある人生だったと言えます。この息子はその後、クリスチャンになりますが、「あの時の経験が、洗礼を受けるきっかけとなったのは間違いありません」と言います。この世には自分の手には負えないことがあると悟ったからだそうです。

最期は、誰でも安らかな気持ちに包まれるのか？

私は病理医として、数え切れないほどのご遺体と向き合ってきました。そしてほぼ例外なくご遺体のお顔が安らかであることに、ちょっと不思議な思いがしたものです。しかし同じような感想を、最期の現場に何回も立ち会った人たちも明かしています。たとえば前出の『エンド・オブ・ライフ』に登場する主人公の男性看護師は、二百人以上の方の看取りを体験していますが、次のように語ります。「目を閉じて亡くなっていく人の顔って、どんどん安らかになって、どんな人でも微笑んでいるんですよ。本当にどんな人でも」

病院で看取ることの多い医師も、「亡くなる一時間、三十分前まで苦しんでいても、亡くなる瞬間に苦しんでいる人を見かけたことはない」と明かします。

その瞬間、安らかさに包まれるような何かが起きるのでしょうか。

私たちは裸で生まれ、裸で死んでいく宿命を負っています。すべてを手放して素の自分に戻っていくことに、もしかすると人はこの上ない喜びを覚えるのかもしれません。これは未経験者の私が断言することではないのですが、その喜びがお顔に現れるのではないかと思ったりもするのです。

米国の精神科医エリザベス・キューブラー・ロス（一九二六〜二〇〇四年）は、人が死にゆくプロセスを五段階に分類しています。第一段階は、自分が死ぬことを拒否するものの、頭では理解している。第二段階は人と比べたりして、「自分がなぜ死ななければならないのか」と怒りを覚える。第三段階は何とか死を回避できないかと、宗教に頼ったりする。第四段階は、「それでも駄目か」と死が回避できないことを悟る。最後の第五段階では、生命が終わることは自然の摂理だと納得し、自分の人生を静かに見つめることができるようになる。

エリザベス・キューブラー・ロスは、「病人は、自分の過去を語ることによって解放される。次の世に旅立つことができる」とも言っています（玄侑宗久・鈴木秀子『仏教・キリスト教　死に方・生き方』講談社、二〇〇五年）。

私の実感や看取りの体験した看護師や医師などの話を総合すれば、ほとんどの人が第五段階にたどり着くことができるようです。しかし、「第五段階の死の受容に至る人は少ない」と指摘する医師もいるので確定的なことは言えませんが、人間のいのちが最期に至るまで不思議に満ちあふれていることだけは確かです。

寿命という区切りが、生きることのエネルギーになる

余命宣告を受けて、初めて悟る人生と死の意味

死を予感しながら病院や自宅、施設のベッドに一人横たわると、自分の財産や社会的地位などが削ぎ落とされ、生まれた時のように裸の自分が現れます。そして最も大切なものが何であるかを思い知らされるのです。

ある高齢の患者さんですが、十年以上もがんと付き合ってきて、今では朝起きるたびに「おはよう」と呼びかけるそうです。「これまで一生懸命、私の人生を支えてくれた細胞がちょっとしたことがきっかけで、がん細胞になっただけです。がん細胞は私の最も親しい仲間みたいなものですから。憎いと思ったこともありません」と納得顔です。

余命は知らされていますが、だからと言って特別なことは何もしません。死が怖くて夜中にひとり泣くこともあるそうですが、「格好悪いですか」と聞かれた私は、「そんなことはありません

よ。人間って例外なく怖がりで弱虫な存在です。私もあなたと変わりはありません。特に死は誰もが未体験のことですから、怖くて当たり前です。それを押し隠して強がったりすれば、自分が嫌いになってしまうこともあります。でもその弱さを認めると、気持ちが楽になります。まわりの人にも、がん細胞に挨拶するあなたの明るさの後ろに、怖さや悲しみもあることを知ってもらえるといいですね。できるなら、ご自分から明かすようにしたらいかがですか。それは大きな役割を果たすことになるように思います」とお伝えしました。

私は本書で、「誰かの役に立つ生き方」を強調してきましたが、その手助けは百パーセントのものでなくてもいいのです。「ほんの気持ちだけ」でも十分です。使命も同じでその何パーセントに過ぎなくても実現できれば、役割を果たしたと言っていいでしょう。

弱くて強い、怖がりで勇敢、そのような自分を受け入れて、最後はこの世で得たものすべて、そして私たちの「家」であったいのちに深く感謝しながら手放していく。その覚悟だけは必要になります。

家族から拍手で見送られる幸せ

膵臓がんで余命は一年以内と告知された五十代後半の男性は、四十代までスキーやテニス、ゴルフを楽しむアウトドア人間でした。在宅治療に移行し定期的に病院で化学療法を受けていましたが、夫婦仲はすこぶるよく、リビングには一緒にスポーツを楽しむ夫婦と息子、娘の写真が何枚も飾られている、そんな家でした。家族全員がクリスチャンです。

男性は余命が短いことを知っていますが、「病気のことばかり考えているのでは、人生に申し訳ない。せっかく授かったいのちだから、最後まで全うしたい」という決意を持って、がんと向き合っていました。がんが発覚する前も後も、彼は教会の炊き出し活動やボランティア団体へのサポートに力を尽くすなど、家族だけでなく「隣人」にも愛を尽くしてきた人です。その彼が、「最後にゲレンデに行ってみたい」という希望を家族に伝えました。子どもの頃からスキーを楽しんだホームゲレンデを訪れたいと、懇願するのです。しかし季節は晩春で、ゲレンデに雪はもうありません。「仕方ないさ。冬までは待てない。ゲレンデの頂上に上がって北アルプスの山々を間近に見るだけでいいよ」

妻が訪問クリニックの担当医に、「何とか希望を叶えさせてあげたいのですが」と相談したところ、医師と看護師が同行することを条件に許可されました。

息子と娘の家族も同行して、現地に向かいます。家族にとっても馴染みのあるゲレンデです。麓のホテルに入ると、若い頃から付き合いのあるオーナーが車椅子に乗った彼を迎えてくれました。事前に、事情を伝えてあったからです。オーナーは地元の有力者でもあり、頂上に向かうゴンドラに車椅子で乗る際の便宜をいろいろと図ってくれました。頂上にあるレストランのテラス席に落ち着くと、残雪の美しい連山が目前に迫ってきます。男性は雪のないゲレンデには目もくれず、連山を食い入るように見つめ続けていました。

山麓に雪が舞い出す頃、彼は最期の時を迎えます。部屋に孫を含む家族と牧師が集まり、彼が望んだ讃美歌三二〇番「主よ　みもとに近づかん」の静かな合唱が始まりました。医師が妻に目配せをします。彼が、賛美歌を聴きながら最後の力を振り絞って何かをつぶやきました。おそらく、「ありがとう」という言葉だと、妻は思ったそうです。

賛美歌が終わるとほぼ同時に、医師が静かに「ご臨終です」と告げます。その途端、誰からともなく心のこもった拍手が巻き起こりました。

このお話をある牧師からお聞きした時、私は、内村鑑三が娘ルツ子の葬儀で、「ルツ子さん万歳！」と叫んだシーンが思い浮かべました。皆さんはどうでしょうか。家族や近しい人たちに囲まれ、拍手で見送られる以上に幸せな最期が他にあるでしょうか。

この幸せと比べると、ヨブの苦しみは悲惨とさえ言えます。家族に囲まれた長寿を望んでいたのに、その家族は奪われ、いのちも風前の灯です。どうしてこのような苦しみを神は与えるのか。三人の友人、エリフとの論争を通じて明らかになったのは、ヨブもまた因果応報の考えにとらわれていることです。自分中心で、自分の正義を疑わないヨブは、神から離れてひとりで立つことを余儀なくされました。同時に、神に依って立つことが残された道であることを、神の言葉によって気づかされるのです。

ずいぶんと遠回りしたものですが、その時間がヨブには必要だったようです。

終章

最後のひと息まで、明日を見つめていたい

主は嵐の中からヨブに答えられた。
知識もなしに言い分を述べて、摂理を暗くするこの者はだれか。
(ヨブ記三八章一～二節)

ああ、私は取るに足りない者です。あなたに何と口答えできるでしょう。私はただ
手を口に当てるばかりです。
(同四〇章四節)

人間の限られた知識で、「神を知る」ことは難しい

ヨブが待ち望んだ、神と直接対話できる機会がやってきました。自分がなぜこのような苦難にあうのか、死を望むような境涯に追い込まれたのか、神の真意をお聞きするつもりで質問を繰り出しますが、神はそれに答えず、「おまえはだれか」と問い返します。その声は威厳に満ちていますが、どこかヨブを諭《さと》すような響きがあります。

「神について知る」ことと「神を知る」ことは別物です。神の言葉はヨブや三人の友人、エリフにも向けられています。「何にも知らないのに、知ったかぶりをするな」ということでしょうか。本書のテーマである、「なぜ、こんな目にあわなければならないのか」の答えは、じつはこの神の問いかけに隠されているのかもしれません。神の正義を疑い、自分に苦難を強いたことに強く反発するヨブの行為が罪であれば、神は容赦なく断罪したことでしょう。しかし神は天地宇宙、地上の動物、空の鳥などの創造主は誰かと問い、人間の力や知識には限りあることを教え、これが決定打となってヨブは右ページのように口をつぐむのです。

口はつぐみますが、目は開かれました。神は質問に答えなかったのではなく、すぐそばでヨブの声に耳を傾けてくれていたことに気づいたのです。だからヨブは、「私はあなたのことを耳で聞いていました。しかし今、私の目があなたを見ました。それで、私は自分を蔑み、悔いています。ちりと灰の中で」（ヨブ記四二章五～六節）と懺悔することになったのです。

どのような不幸に見舞われても、それは天罰などではない

病気も事故も、ただの巡り合わせにすぎないのか？

苦難が成長のきっかけになることはそのとおりですが、それがすべての人に当てはまるわけではありません。要は、苦難が自分の力に限りあることを教えてくれる「神からの使者」だと思えるかどうかにかかっています。自力ではがんを始めとする病気も、地震や水害などの大災害も、突然の交通事故なども避けることはできません。当事者からすれば口惜しくてたまらないことですが、残念ながら私たちにはそれを受け止めて、前に進む力しか備わっていないのです。しかし、その力を十二分に発揮した人は、間違いなく希望の光にあふれた道を歩むことができます。

未曾有《みぞう》の大災害となった東日本大震災（二〇一一年）では、多くのいのちが奪われました。当事者はもちろんご家族や友人・知人の皆さんにとっては、「仕方がない」では到底すまされない大惨事でした。今もその爪痕《つめあと》は人々の心に刻まれ、「自分が手を離さなかったら、あの人は津波の濁流に飲み込まれなかったのに！」と、自分の非力を嘆き悲しみ続けている人もいます。

このような大惨事に対し、「日本人の我欲を洗い流すために与えられた天罰だ」と言ってのけた政治家や宗教者がいました。それぞれの思想信条、宗教観に基づいた発言でしょうが、ヨブの

苦難に追い打ちをかけた三人の友人と同じで、因果応報の考え方そのものです。
因果応報が語る苦難には、そこから立ち上がる人への励ましというものがありません。それ以前に、被災した人たちに天罰を受けるような理由があるはずもなく、神は人を尊び、罰を与えるような存在でないことも明らかなのです。だからこそ人は神に向かって嘆き、「なんとかしてほしい」と助けを求めることができるのですから。

病気や災害、事故に特別な意味はない？

「地震や事故というものは神の意志ではなく、神の意志とは別個の現実」と『なぜ私だけが苦しむのか』で、H・S・クシュナーは書いています。たしかに世界中で起きる災害や事故に、神の意志が働いているとは考えられません。言葉は悪いかもしれませんが、「たまたま起きること」「巡り合わせ」と考えるしかない気がします。戦争や大虐殺のような出来事にしても、それは「人間に与えられた自由意思によって引き起こされたもの」で、神の意志でないことは言うまでもありません。しかし神は、その結果を悲しみ、苦しみを乗り越える力と勇気を与えてくれる存在です。

私たちが見舞われる苦難は、そのスタート時点では特別な意味がないと考えたらどうでしょうか。がんになった理由、災害や事故に襲われることに何の意味も理由もないのです。だから私たちは、「理不尽」という言葉をくっつけて、それらを語ります。たしかに特別な意味はありませんが、「これは私を成長させるための苦難ではないのか」「いつか目標に達するまでのトンネルなのだ」とか、意味を見出すことはできます。

苦難にあった時、よほど変わった人でないかぎり、そこから抜け出そうと努めます。立ち向かって、挫折しそうになることもあるでしょう。自分の力に限りがあると知って投げやりになる人もいますが、多くの人は自分の弱さを知って謙虚になり、まわりの人たちへの態度も少しずつ変わってきます。するといろいろな人たちから手が差し伸べられることも多くなり、孤独が癒やされるなど好循環が生み出されるのです。

苦難は、確かに人を成長させることができます。

苦難が解決できなければ、解消すればいい

ヨブのようにどれほど叫んでも、境遇そのものに変わりはありません。正しい者には神の恵みが、悪しき者には裁きがあるという因果応報の考え方にヨブもとらわれ続けてきましたが、神が人間を苦しめるような存在でないことに、最後になってようやく気づきました。しかしその気づきは神に数多くの質問をぶつけた結果、手にしたものです。

私たちも尊敬を込めて質問、疑問、不平不満を神にぶつけてもいいのです。それは形ばかりの祈りよりも神の心を打ち、救いの道に導いてくれるはずです。

私は本書を執筆するにあたり、「人はなぜ、苦難に見舞われるのか」の答えを、読者の皆さん

と一緒に探していこうと考えました。結局、その答えは依然不明のままです。人智の及ばぬ領域があることを、改めて痛感します。仏教の「悟り」とは、「わからないことがわかる」状態を指すと聞いたことがあります。それを当てはめると、私は悟りの境地に達したのかもしれません。改めてわかったのは、苦難の理由を探るのではなく、そこから「どんな行動を選ぶか」が何よりも大切だということです。巡り巡って、これが本書の一応の結論になるかと思います。

本書では良い選択をした人たちの姿を数多く紹介してきました。その姿に、答えの一端があるような気もしています。共通するのは、どうにも解決できそうにない苦難や悩み事は、「解決しなくても解消する」という生き方です。ヨブの問いかけも同じです。解決はしていないものの神の言葉によって解消したとも言えそうで、それがヨブ記の教えと言ってもいいでしょう。

苦難に立ち向かえば挫折や失望を味わうこともありますが、心配はいりません。その背中を押し、水たまりがあれば背負って渡ってくれる神がいてくれるからです。その確信が大きな希望になります。

長く生きることより、深く生きることを目標にする

もちろん、長生きすることは貴重な体験です。しかし、人間の寿命は百二十歳が限度と言われています。仮に八十歳の寿命とすれば、約四千週間の人生になります。これが短いか長いかの判断は人それぞれでしょうが、いずれにしても限りのある時間しか私たちは持っていないというこ

とです。長く生きることは大切ですが、人の寿命は自分の自由にはなりません。何が起きるかわからないとすれば、長生きを目標にするのではなく、「毎日が一生」として生きること、深く生きることを目指したいものです。

恵泉女学園を創立した河井道は著書『My Lantern』（『わたしのランターン』新教出版社、一九六八年）の最後に、「ここまで、わたしは、わたしのランターンをかかげてきた。時がくると、それは別の手へとひき継がれて、さらに先へと運ばれていくであろう。……このランターンが、芯を切りととのえられ、燃えつづけていくように、わたしはそれのみを願っている」とあります。人生の長短ではなく、どんな些細なことでも「先へ運んでいく」存在でありたい。それが深く生きるということです。そして、最後は家族や仲間など別の手に託するものを持っていたいものです。それは、不運にも生まれてすぐに亡くなる赤ちゃんも果たす役割です。

ヨブの物語は新約聖書の時代に語り継がれ、現在に至っています。ヨブの掲げたランターンは多くの人たちによって燃え続け、そして私たちのもとに届きました。

神の祝福を受けた時、ヨブの年齢は七十歳くらいと推定されています。ヨブは以前の財産の二倍、すべての兄弟姉妹が戻り、新たに息子七人、娘三人が与えられました。そして自分の子とその子たちを四代目まで見て百四十年後にこの世を去ったと、ヨブ記の最終四二章に書かれています。

ここには、どういうわけかヨブの妻について記述がありません。私はヨブのもとに戻ったと推測していますが、皆さんはどう思われますか。彼女は決して悪妻などではありませんでした。聖書には書かれていませんが、ヨブに「死になさい」と言った時、彼女も夫の苦難を共に背負って死ぬ覚悟をしていたのではないかと、私はひそかに想像しています。そのような妻だからこそ、夫のもとに戻るのは自然なことだと思うのです。

ヨブは新しい子どもを授かりましたが、亡くなった子どもが生き返ったわけではないことに釈然としないものは残ります。人間はどこまでも弱い存在ですから、たとえ祝福を受けたとしても、残り百四十年の人生はヨブにとって荊の道だったのではないでしょうか。その荊の道は他人事ではなく、私たちも歩む道です。

ヨブとは異なり、私たちには主イエス・キリストの愛がある

最後に、私が好きなマーガレット・F・パワーズの「あしあと」という詩を紹介させてください。人生に疲れ、苦難に押しつぶされそうになった世界中のクリスチャンを励まし続けている詩です。各地の教会でも、紹介される機会が多いと聞いています。

この詩を書いたマーガレットは幸せな家庭で育ちましたが、落雷事故で生徒を亡くし、自分も体調を崩して教師を退職するという挫折を体験した女性です。結婚相手のポールは子ども時代に父親の虐待を受けて育ち、少年院を転々とする人生を送ってきました。出院後、お世話になった高齢のクリスチャン夫妻の愛に触れて洗礼を受け、その後牧師になった人です。

二人は教会で出会い、結婚することになりますが、生い立ちがあまりに違うため不安もいっぱいでした。海辺を歩きながら、二人は将来について真剣に語り合います。その日の夜、マーガレットが書いたのがこの詩です。ポールはこの詩を大変気に入り、説教や伝道活動の際に紹介したことで、カナダから世界に広まりました。

それから二十五年後、娘が高さ二十メートルの滝に落ちて病院に運ばれるという事故に見舞われます。心臓に持病を持つポールはそのショックで一時期重態になりますが、何とか一命を取り止めます。そんな時、一人の看護師がポールを励ますためにある詩を読んでくれました。それが「あしあと」だったというエピソードが残っています。

「あしあと」

マーガレット・F・パワーズ

ある夜、わたしは夢を見た。
わたしは、主とともに、なぎささを歩いていた。
暗い夜空に、これまでのわたしの人生が映し出された。
どの光景にも、砂の上にふたりのあしあとが残されていた。
一つはわたしのあしあと、もう一つは主のあしあとであった。

これまでの人生の最後の光景が映し出されたとき、
わたしは、砂の上のあしあとに目を留めた。
そこには一つのあしあとしかなかった。
わたしの人生でいちばんつらく、悲しい時だった。
このことがいつもわたしの心を乱していたので、
わたしはその悩みについて主にお尋ねした。
「主よ。わたしがあなたに従うと決心したとき、
あなたは、すべての道において、わたしとともに歩み、
わたしと語り合ってくださると約束されました。
それなのに、わたしの人生でいちばんつらい時、
ひとりのあしあとしかなかったのです。
いちばんあなたを必要としたときに、
あなたが、なぜ、わたしを捨てられたのか、
わたしにはわかりません」
主は、ささやかれた。
「わたしの大切な子よ。わたしはあなたを愛している。
あなたを決して捨てたりはしない。

ましてや、苦しみや試みの時に。
あしあとが一つだったとき、
わたしはあなたを背負って歩いていた」

ヨブ記の各所に、具体的ではありませんが「救い主」の到来を望む記述があります。たしかにエリフのような「仲介者」ではなく、イエス・キリストがその時代におられれば、ヨブにとって大きな救いになったことでしょう。

イエス・キリスト以降を生きる私たちにとって、その救いが与えられていることは、なんとありがたいことでしょうか。「あしあと」という詩は、どんな時にも味方になってくれる神の愛と、その愛への感謝が込められています。

あとがき

裏切ったペテロに注がれる、慈しみ深いイエスの眼差し

イエス・キリストが捕らわれた時、使徒の代表格とも言えるシモン（ペテロ）は三回にわたって、「イエスを知らない」と否定します。イエスから「岩」とあだ名をつけられたほど信頼されたペテロは、「主よ。あなたとご一緒なら、牢であろうと、死であろうと、覚悟はできています」と決意を述べていたにもかかわらず、土壇場になってイエスに背を向けるわけです。

特に三回目は「おまえはイエスの弟子だろう」と迫る人に、「あなたの言っていることがわからない」と否定するペテロの声が届くところに、イエスの姿がありました。ルカの福音書二二章六一節には、「主は振り向いてペテロを見つめられた」と書かれています。短い記述ですが、その時のイエスの眼差《まなざ》しには怒りも悲しみもなく、慈愛にあふれたものだったのではないかと私は想像しています。「おまえの弱さはわかっている。それでもいい。しかしその弱さを糧《かて》に強くなってほしい」と、ペテロを優しく諭すような視線を私は感じるのです。

漁師に戻ったペテロですが、復活したイエスと再会し、「すべての人々を弟子にしなさい」という使命を受け、ローマ帝国を中心にした伝道活動に奔走、最期は逆さ十字架で殉教したと言わ

れています。このようないのち懸けの活動を支えたのは、あの時ペテロを見つめたイエスの眼差しだったのではないでしょうか。

その視線は、私たちにも降り注がれています。病気をはじめとする苦難に見舞われ、袋小路に追い込まれて二進《にっち》も三進《さっち》も行かなくなった時、どうかイエスのこの眼差しを思い起こしてください。

大変な苦難に襲われた時、ヨブは神にすべてをお任せするという信仰心と、「神がなぜこんな目にあわせるのか」と相反する想いに引き裂かれそうになります。神に執拗に食ってかかりますが、神はその振る舞いを赦し、愛おしみました。神はヨブに無力と無知を自覚させ、悔い改めをするチャンスを与えてくれたのです。

ヨブは苦難によって、そのチャンスを手にしました。何もかもが順調な人は、自分を顧みることがありません。しかしヨブのように、病気をはじめとする苦難に身がさらされ身をまとうものが剝《は》ぎ取られると、自分の本性が見えてきます。じつは病気と闘うだけでなくその本性と向き合うことが難しく、そして有意義であることをヨブ記は教えてくれます。

因果応報に惑わされずに生きていく

目の不自由な人を見て、弟子がイエスに問います。「『先生。この人が盲目で生まれたのは、だれが罪を犯したからですか。この人ですか。両親ですか。』イエスは答えられた。『この人が罪を

犯したのでもなく、両親でもありません。この人に神のわざが現れるためです』」(ヨハネの福音書九章二〜三節)

ヨブやヨブの友人と同様、イエスの弟子たちも因果応報の考え方にとらわれています。これに対しイエスは、彼の苦しみは誰のせいでもない。この苦しみは神のみわざによって素晴らしい体験をするための機会になると答えました。因果応報をきっぱりと否定したわけです。実際この男性は、イエスの手によって目が見えるようになり、新しい信仰人生を歩むようになります。

「そんな古くさい因果応報と、自分は無関係だ」と言われる人もいるでしょう。しかしこの考えは、ヨブ記の時代から現在まで意外と社会に根を張っているように見えます。

時々、完治不能の病気から奇跡的に回復するケースをお聞きすることがあります。医師すら思わず、「奇跡だ」とつぶやくほどのこともあるそうですが、私はこの種の奇跡のエピソードには少々怖い面があると思っています。病理医として判断すれば、摘出不能と診断されたがん細胞が消えることはなく、進行性の難病の速度が遅くなることはあっても治癒するケースは聞いたことがありません。もちろん、患者さんがさまざまな治療法に挑戦することは大賛成です。

がんや難病に苦しむ方が奇跡を望むのは理解できますが、たとえ全員が奇跡を望んでもそのほとんどは叶えられることはないでしょう。では奇跡を授かる人と授からない人との間に、何か違いがあるのでしょうか。「何もない」が、私の答えです。奇跡が起きたとしたら、それはただの偶然と考えるほうが健全です。用心しないと、「奇跡を授かるのはとても善い行いをした人、授からないのは何か罪を犯した人」という因果応報の落とし穴に落ちてしまいます。その穴は深く、よじ登れないうちに一生が終わることになったら大変です。

三重苦（聴力、視力、言葉を失う）を背負ったヘレン・ケラー（一八八〇〜一九六八年）とその家庭教師アン・サリバン（一八六六〜一九三六年）の物語は、「奇跡の人」というタイトルで映画化もされています。奇跡の人とはヘレン・ケラーではなく、「奇跡」を起こしたアン・サリバンを指すそうです。しかしそれは奇跡というより、アン・サリバンとヘレン・ケラーの意思の力によってもたらされた恵みでしょう。だからこそ、次のようなヘレン・ケラーの言葉に深く頷けるのです。

「私は一人の人間に過ぎないが、一人の人間ではある。何もかもできるわけではないが、何かはできる。だから、何もかもはできなくても、できることをできないと拒みはしない」

終章にも書きましたが、「なぜ、こんな目にあわなければならないのか」という問いに、残念ながら「これだ！」という明確な答えは見つかりませんでした。しかし、なかなか答えが見つからないのが「答え」の場合もあります。それがわかっただけでも、満足しなければならないのかもしれません。答えを強引に求めようとして、変なものにしがみつくようなことになっては一大事です。

本書で私は、「病気になっても病人にならない」「どんな苦難に見舞われても、そこに止まらず目の前に示された道を歩いていく」「それぞれの使命をさりげなく、あるいはいのちまで懸けて果たす」「前に進むために手を差し伸べ合う」人たちを紹介し、書籍や映画を通じても多くの人たちに登場いただきました。

たとえ苦難の理由に答えがなくても、苦難への処方箋は本書に登場いただいたこれらの人たちによって示されているように思います。

神の存在やみわざのすべてを、私たちの知識で理解しようとすること自体が不遜《ふそん》ともいえます。しかし、苦難をきっかけにして新しい道を歩もうとする時、神が力を貸してくれることだけは間違いありません。

二〇二三年八月

樋野興夫

著者

樋野興夫（ひの・おきお）

1954年島根県生まれ。順天堂大学名誉教授、新渡戸稲造記念センター長、恵泉女学園理事長、一般社団法人「がん哲学外来」名誉理事長。医学博士。癌研究会癌研究所、米国アインシュタイン医科大学肝臓研究センター、米国フォックスチェイスがんセンターなどを経て現職。
2002年癌研究会学術賞、2003年高松宮妃癌研究基金学術賞、2004年新渡戸・南原賞、2018年朝日がん大賞、長與又郎賞。2008年、順天堂医院に開設された医療現場とがん患者の隙間を埋める「がん哲学外来」が評判を呼び、多くのがん患者と家族に寄り添い生きる希望を与えてきた。その活動は「がん哲学外来カフェ」として全国各地に広がっている。
『「今日」という日の花を摘む』（実業之日本社）、『明日この世を去るとしても、今日の花に水をあげなさい』（幻冬舎）、『こころにみことばの処方箋』『種を蒔く人になりなさい』（以上、いのちのことば社）など著書多数。

なぜ、こんな目に
あわなければならないのか
がん病理学者が読む聖書「ヨブ記」

2023年10月15日　発行

著者　樋野興夫

発行　いのちのことば社
〒164-0001　東京都中野区中野2-1-5
編集　Tel.03-5341-6924
営業　Tel.03-5341-6920／Fax.03-5341-6921

ブックデザイン　長尾契子（Londel）
印刷・製本　シナノ印刷株式会社

ISBN978-4-264-04450-5